Kurt A. Speidel

Das Urteil des Pilatus

Kurt A. Speidel
Das Urteil des Pilatus

Bilder und Berichte zur Passion Jesu

KBW Verlag Stuttgart

Inhalt

Vor-Spiele

1. Thema: Kreuzprozessionen

Menschen tragen das Kreuz. Was heißt sie durch ihre engen Gassen ziehen? Ein liturgischer Termin? Das Erinnern an Jesus oder an ein Geschehen im Dorf, in der Stadt? Oft gelobten Menschen in drängender Not eine jährliche Prozession. Ihr Versprechen vererbte sich durch die Jahrhunderte. Dem Zuschauer bedeutet dieses Ereignis ein Stück Folklore. Er weiß nicht, was jene Menschen bewegt. Ob für die Teilnehmer jenes Kreuz und jener Gekreuzigte von Golgota gegenwärtig sind?

Seite 6:
Prozession mit Kruzifix und Kreuzträgern in Spanien

Ungezählt weisen Kreuze an Wegen und über Gräbern auf einen ganz bestimmten von Tausenden, die am Kreuz starben. Ihn meinen jene Passionsspiele, die immer neu Pilger und Neugierige anziehen. In kultischer Prozession wird Jesu Kreuz in Gottesdiensten des Karfreitag geehrt. Ursprünglich kommt jene Feier aus Jerusalem. Jahr für Jahr feierte dort die Gemeinde am freigelegten Fels von Golgota und am nahegelegenen Felsengrab. Über die Prozessionen Jerusalems gegen Ende des vierten Jahrhunderts erzählt geschwätzig die pilgernde Nonne Egeria oder Ätheria. Wir werden ihr später noch lauschen.

Beim Foto dieser spanischen Kreuzprozession fallen mir noch andere Gruppen ziehender Menschen ein, die einem Kreuz folgten: Ich denke an jenes silberne Vortragskreuz, das heute in der Kathedrale von Mdina auf Malta steht. Hinter ihm zogen die Kreuzritter im Jahr 1099 — vorbei an schuldlos hingemordeten Moslems und Juden — zum Te Deum in die Grabeskirche Jerusalems. Was bewegte Gottfried und seine Mannen in jener Stunde? Was sagte ihnen das Kreuz?

Im Zeichen des Kreuzes kämpften die Ritter dann gegen die Soldaten Saladins. Kreuze dienten ihnen als Standarten. Am 4. Juli 1187 trug der Bischof von Betlehem jenes Stück Holz, das als echtes Kreuz Jesu verehrt wurde, in die Schlacht an den Hörnern von Hattin. Was erhoffte sich der Gottesmann vom Kreuz? Wollte er das Vertrauen der Kämpfenden stärken oder wartete er auf ein Wunder? — In Durst und Rauch vom Buschfeuer, unter Pfeilhagel und Säbelhieben ging das Heer der Kreuzfahrer zugrunde. Die Kreuzreliquie ist seitdem verschollen.

Noch im zweiten Weltkrieg singen Churchill und Roosevelt im Lied „Onward christian soldiers" vom Kreuz Jesu, das vor den christlichen Soldaten ihrer Heere als Feldzeichen zieht.

Jesus und sein Kreuz — sie haben eine lange Geschichte. In ihr mischen sich Glaube und Aberglaube, Brauch und Mißbrauch.

Wir wollen uns zu den Anfängen zurücktasten. Wir schauen auf ein paar Tage im Monat Nisan des Jahres 30. Wir suchen nach Stätten in Jerusalem, die Jesu Leiden und Sterben erinnern.

Wir fragen, warum und wann Jesus gekreuzigt und wie diese grausamste aller Todesstrafen vollzogen wurde.

Judenstern an einer Tür in Berlin

2. Das Thema vom Sündenbock

Ehe die SA marschierte, die Fenster jüdischer Geschäfte zerklirrten und Flammen züngelten aus Synagogen, hat sich eine Szene ereignet. Einmal. Hundertmal. Tausendmal.

Christliche Kinder umstehen einen jüdischen Mitschüler. Sie schauen böse oder mitleidig. Der Junge versteht nicht, wie ihm geschieht. Was wollen sie von ihm? Plötzlich knallen ihm die Worte um die Ohren: „Ihr habt unseren Jesus umgebracht." Vielleicht schreit einer noch das bitterböse Wort „Gottesmörder", das wie ein dumpfes Echo durch die Geschichte hallt.

Ungezählte Stationen haben Christen dem Leiden des Juden Jesus hinzugefügt.

Wundert es uns, wenn das zionistische Organ „La Terre Retrouvée" 1947 erklärt, von der These der jüdischen Schuld an Jesu Tod „führe eine Linie bis hin zu den Gaskammern von Auschwitz"?

Wundert es uns, wenn jüdische Wissenschaftler und Schriftsteller die Römer allein für den Kreuzestod des Mannes aus Nazaret verantwortlich machen?

Und doch: Was Christen auf jüdische Mitbürger abgeladen haben, hängt nicht am Prozeß gegen Jesus. Die billige Art, Böses und Dunkles und Unverstandenes und Unsittliches auf das schwächste Glied einer Familie oder einer Gesellschaft abzuladen, begegnet überall. Wo ein Mensch seine negative Seite nicht wahrhaben will, da sucht und entdeckt er sie im anderen. Er malt sein eigenes Bild nach dem Ideal des Gutseins und der Heiligkeit. Die dunklen Farben überträgt er auf den Nächsten. Ihn stempelt er zum Sündenbock.

Wir stehen vor der Frage: Wer ist schuld an Jesu Tod? Eines ist ganz sicher: seine Richter waren nicht *die* Juden, seine Peiniger nicht *die* Römer. Wir können nicht allgemein von den Juden und den Römern sprechen. In den letzten Tagen Jesu in Jerusalem handeln ganz bestimmte Männer und Gruppen. Wir kennen die Namen eines Hannas, eines Josef Kajafas und eines Pontius Pilatus. Nach ihrer Schuld müssen wir fragen.

Die Frage nach der Schuld an Jesu Tod muß neu überdacht werden.

Die Antworten, die bisher auf die Schuldfrage gegeben worden sind, unterscheiden sich sehr. Da werden jüdische und römische Behörden gleich stark belastet. Andere denken an einen Prozeß vor dem Hohen Rat, dessen Urteil Pilatus nur bestätigt hat. Die nächsten wissen, daß nur eine Verhandlung vor dem römischen Statthalter geführt worden ist. Dieses Sachbuch vertritt eine ganz bestimmte Sicht. Sie wird durch eine neuere Untersuchung zum Recht in den römischen Provinzen gestützt.

Christliche Theologie sieht einen Zusammenhang zwischen dem Schuldigwerden des einzelnen und dem Kreuzestod Jesu. Paul Gerhardt verdichtet ihn zum Lied: „Was du, Herr, hast erduldet, ist alles meine Last; ich, ich hab es verschuldet, was du getragen hast". —

Aber vielleicht verallgemeinert auch dieser Vers. Ja, für viele kann er gefährlich werden. Sie machen sich selbst zum Sündenbock, leiden unter Schuld, Sünde, Verbrechen. Und sie vergessen, daß Jesus den Menschen befreien, erlösen wollte.

Noch ein zweites müßten wir bedenken: Erlösung heißt, daß wir angenommen sind, auch mit unserer dunklen Seite. Wer sich selbst ganz annimmt, braucht keinen Sündenbock in die Wüste zu schicken. Für ihn hat der Sündenbock ausgespielt.

3. Das Symbol Kreuz

Durch die Jahrtausende hat das Kreuzsymbol Menschen angesprochen und in ihnen gewirkt. Das kann nicht Zufall sein. Das läßt sich auch nicht allein begründen mit dem Tod des Jesus von Nazaret am Kreuz. Carl Gustav Jung, der Schweizer Arzt und Seelenforscher (1875–1961), glaubt das Kreuzsymbol müsse „eine das Wesen der Seele irgendwie treffende Idee sein". Er hat recht! Immer wieder hat die Kreuzesform die Menschen beschäftigt und fasziniert.

Auf einer Basaltstele, die vor 3500 Jahren in einem der kanaanäischen Heiligtümer der Festungsstadt Hazor stand, sehen wir ein Rad mit vier Speichen, das Kreuz im Kreis. Die gleiche Form begegnet auf den bronzezeitlichen Felszeichnungen von Bohuslän in Schweden. Ägyptische Künstler geben Göttern und Königen das Henkelkreuz in die Hand. Das Kreuz mit dem Kreis ist Zeichen des Lebens.

Das Kreuz — archetypisches Ursymbol

Völlig unabhängig vom Christentum sprechen schon die alten Mexikaner vom Kreuz als dem „Baum unseres Lebens". Um die Gunst „der Tochter des Himmels und der Göttin des Getreides" zu erflehen, nageln sie jedes Frühjahr einen Jüngling oder eine Jungfrau ans Kreuz. Diese Tat sichert ihnen Ernte und Leben.

Immer wieder zeichnen die Navaho-Indianer das Kreuz in die Mitte ihrer Sandbilder. Jeder Kreuzesarm weist auf eine von vier gleichgestalteten Figuren. Auch sonst spielt die Vierzahl eine wichtige Rolle. Sie meint die Ganzheit. Wir kennen vier Himmelsrichtungen, vier lebende Wesen. Vier Ströme entspringen im Garten Eden. Wir unterscheiden vier Mondphasen. Das Kreuz mit seinen vier Armen ist selbst ein Symbol der Ganzheit. Und zugleich markiert es die Mitte, auch die Mitte der Welt.

Das Kreuz vereint einen Längs- und einen Querbalken. Horizontales und Vertikales verbinden sich. Leibliches und Geistiges, Irdisches und Himmlisches finden zur Einheit. Wortlos verkündet das Kreuzessymbol die Vereinigung: Der Mensch wird wieder eins, versöhnt mit seinem Gott. Das zuvor Getrennte hat eine gemeinsame Mitte gefunden.

Augustinus, von 396 bis 430 Bischof im afrikanischen Hippo, zeichnet kühn zwei Bilder der Vereinigung ineinander: das Kreuz und Braut mit Bräutigam. „Wie ein Bräutigam kommt Christus aus seiner Kammer. Sein Hinausgehen in die Welt war Vorzeichen seiner Hochzeit. Er gelangte bis zum Ehebett des Kreuzes. Wie er dort hinaufstieg, hat er die Ehe bestätigt. Da er das Seufzen der Kreatur fühlte, hat er in frommem Tausch sich für die Braut als Sühne gegeben. Er verband sich der Frau nach ewigem Recht."

Ich habe das Kreuz als Symbol vorgestellt. Nun ist jedes Symbol mehrdeutig. In ihm drücken sich viele Aspekte, Ideen und Emotionen aus. Seine Bedeutung wechselt im Lauf der Geschichte und des einzelnen Menschenlebens.

Da träumt ein junger Mann, er sei an ein Kreuz geheftet, aus dessen Stamm noch Äste wachsen und Laub grünt. Da malt ein Mädchen seine eigene Situation: Sie steht vor einem schwarzen Kreuz. Bedrohlich be-

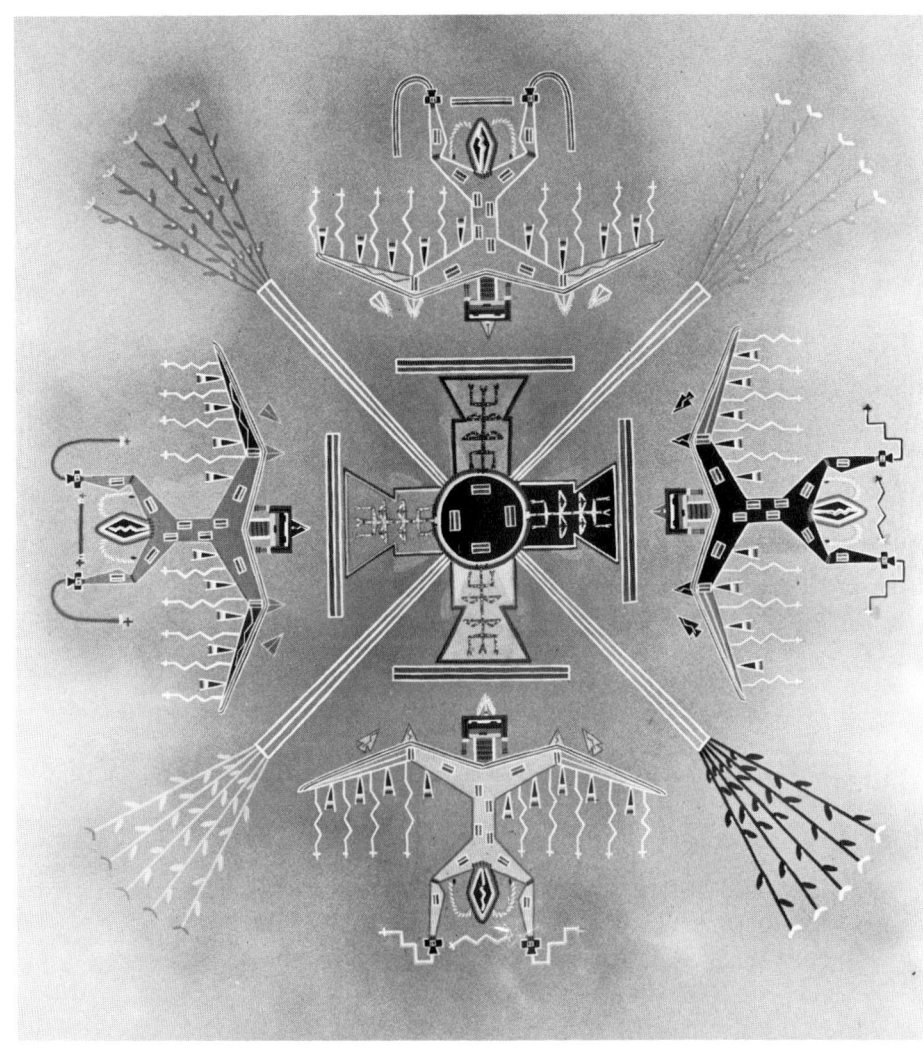

herrscht es das Bild. Um Mädchen und Kreuz windet sich eine mächtige Schlange, bindet beide aneinander. Ihr Kreuz spricht vom Verhaftetsein. Sie sind unfrei, stehen unter fremdem Gesetz. Der Weg der Befreiung steht ihnen noch bevor. Noch ist offen, ob das Kreuz für sie Zeichen des Sieges oder des Todes sein wird.

Das Kreuz ist mehr als ein Erinnerungsstück, mehr als ein Stück Erinnerung. Als Symbol des Lebens, der Vereinigung, der „Kreuzung", der Mitte, der Befreiung und der Ganzheit wirkt es in uns. Weil schon seine Form Botschaft ist, spricht das Kreuz wortlos aber bedeutungsvoll zum Menschen. Dem Christen öffnet es einen Zugang zum einmaligen Geschehen am ersten Karfreitag. Das Kreuz setzt gegenwärtig, was Jesu Sterben ihm ermöglicht. Seine Form folgt einem Grundmuster, das in die Seele geprägt und im Kosmos grundgelegt ist. Sie sagt nichts darüber, wie das Kreuz Jesu ausgesehen hat.

4. Zeichen jüdischen Leidens

Als Junge hat Marc Chagall mit der Feder erstmals eine Kreuzigung gezeichnet. Ikonen seiner russischen Heimat hatten ihn angeregt. Im Jahr 1912 greift er dieses Motiv wieder auf. Von da an beschäftigt sich der jüdische Künstler mit dem Bild des Gekreuzigten. In den Jahren des Dritten Reiches, da seine Glaubensbrüder gejagt und gemordet werden, schafft er zahlreiche Kreuzigungsbilder. 1938 entsteht die Weiße Kreuzigung. Christus trägt einen jüdischen Gebetsmantel als Lendenschurz. Vor ihm steht ein vielarmiger Leuchter mit brennenden Kerzen. Doch rechts und links fliehen seine jüdischen Brüder, brennen Häuser und Synagoge. Weitere Kreuzesbilder entstehen. 1944 malt Chagall eine winterliche Dorfstraße. An ihren Rändern ragen Kreuze. Juden hängen daran. Immer wieder erscheint in diesen Gemälden der jüdische Mensch als der Gefolterte und Ausgelieferte. Der Blick öffnet sich auf Treblinka und Auschwitz. Das Kreuz wird zum Symbol der Passio Judaica, zum Zeichen des jüdischen Leidensweges.

Seite 12: Marc Chagall malt in der Zeit der Judenverfolgung „Die Gekreuzigten".

5. Das Thema der Befreiung

1814 malt Francisco José de Goya y Lucientes seine „Erschießung der Rebellen am 3. Mai". Sechs Jahre liegt jener Tag zurück, da auf der Montaña des Principe Pio französische Soldaten spanische Männer erschossen.

Die Erschießung der Rebellen gestaltet Goya im Blick auf den Gekreuzigten.

Seite 15:
Im Innenhof der Antonia sammeln sich lateinische Pilger zur Prozession am Karfreitag.

Eine Szene des allgemeinen Aufstands gegen die Herrschaft des ersten Napoleon wird lebendig. Die Szene scheint gut beobachtet und realistisch dargestellt. Doch der Maler sagt mehr. Da kniet ein Spanier. Er reißt seine Arme auseinander. Seine Haltung erinnert an den Gekreuzigten. Roter Schein blutet über seine Hände. Im Handteller wird das Wundmal sichtbar.

Da stirbt einer, der ein Stück Freiheit öffnen wollte. Da steht einer, der sich für die Menschen einsetzte. Er stirbt dem Mann aus Nazaret nach. Sein Kreuz bricht in die Gegenwart. Kreuz wird zum Zeichen der Befreiung, auch wenn es Symbol der Passio humana, des Menschenleidens, bleibt.

Wieder stehen wir vor aktueller Frage. Wir reden von einer Theologie der Befreiung. Christen wissen sich zu neuem Leben befreit. Sie wollen Verhältnisse ändern und menschlicher gestalten. Sie folgen dem nach, der seine Welt zu neuer Dimension öffnete. Das Kreuz ist gegenwärtig.

6. Zurück zu den Quellen

Noch heute folgen Pilger in der Heiligen Stadt den Spuren Jesu. Am Karfreitag ziehen Kreuzträger durch die „Via dolorosa", den Schmerzensweg. Sie finden in dieser „Nachfolge", im Gebet und vor allem in der Liturgie einen Zugang zum Damals.

Doch das ganze Jahr hindurch wollen Menschen jene Stätten besuchen, wo Jesus lebte und litt. Sie fragen nach der Geschichte. Sie wollen es genau wissen. Und gerade sie werden früher oder später enttäuscht. Mancher Ort, den die Evangelien nennen, wurde vergessen. Jesu Gefängnis und die Stationen der Via dolorosa sind erst spät geschaffen worden. Andere Stätten sind überbaut und lassen kaum mehr erahnen, wie sie „in jener Zeit" ausgesehen haben.

Wir versuchen, Situation, handelnde Personen und Ablauf der letzten Tage Jesu nachzuzeichnen.

Die Altstadt von Jerusalem verdankt ihr Gesicht Römern, Türken und Arabern. Das Jerusalem Jesu muß in der Tiefe gesucht werden. Archäologen haben einen Teil des Betesdateichs freigelegt. Wir wissen heute genauer, wie Golgota und die angrenzenden Gartenanlagen ausgesehen haben. Immer deutlicher zeigt sich die Stadtanlage des Herodes. Straßen und Versammlungsplatz am Tempelberg sind freigelegt.

Manche Stätten sind durch die Jahrhunderte hindurch verehrt worden: Die Verratsgrotte, eine Felsenhöhle am Fuß des Ölbergs; Golgota und das Heilige Grab. Wo Pilatus sein Urteil gesprochen hat, war in den vergangenen Jahren umstritten. Viele Pilger standen andächtig auf gelblichen Steinplatten im unterirdischen Gewölbe des Klosters der Dames de Sion. Ihnen war klar: Hier ist Jesus verurteilt worden. Hier verspotteten die Soldaten den „König der Juden". Andere Gruppen zogen in den Hof der Zitadelle und glaubten, dort habe der römische Statthalter residiert und Gericht gehalten. Sie folgten der rechten Spur.

Immer wieder haben Menschen gefragt, wie ein Verurteilter ans Kreuz geschlagen wurde. Immer wieder haben Künstler Szenen der Todesstunde Jesu gemalt. Seit in einem Felsgrab im nördlichen Jerusalem die Gebeine eines Gekreuzigten gefunden worden sind, wissen wir mehr.

Das römische Theater in
Cäsarea am Meer bildet
heute den Rahmen eigener
Festspiele. Herodes
hat die Anlage erbaut.
Unter den Römern wurde sie
erneuert. Dabei hat ein
Maurer auch die 1961
wieder entdeckte Platte
mit dem Namen des
Pilatus eingefügt.

I. Die Situation

1. Judäa: eine römische Provinz

Im Jahr 6 nach Christus setzt der römische Imperator Augustus den über Judäa, Samaria und Idumäa herrschenden Herodessohn Archelaos ab. Das Gebiet kommt unter römische Verwaltung, wird eine imperatorische Prokuratur. Coponius, ein Mann aus dem Ritterstand, zieht als erster Statthalter in Cäsarea am Meer ein.

Erst Herodes hatte diese Stadt im hellenistisch-römischen Stil anlegen lassen. Sie war modern, bot Möglichkeiten der Zerstreuung. Der glanzvolle Tempel des Augustus und der Roma grüßte die ankommenden Schiffe. Die Bürger sprachen griechisch. Hier konnte sich ein Römer freier fühlen als in den Gassen Jerusalems, unter Menschen einer völlig fremden Religion. Zudem bot sich der Herodespalast als ideale Residenz an.

In die Hände des Prokurators legt der Kaiser die „Gewalt bis zum Töten". Er überträgt ihm also mit der allgemeinen Vollmacht auch das *ius gladii*. Damit ist zunächst das Recht zur Todesstrafe über seine Soldaten gemeint. Tatsächlich kann von nun an auch kein ziviler Kapitalprozeß, keine Klage auf Leben und Tod ohne den *Praefectus Judaeae* verhandelt, kein Todesurteil gefällt oder vollstreckt werden.

Politische und rechtliche Situation

Fragen der Besteuerung regelt der römische Senator Quirinius. Seinen Namen kennen wir aus der Kindheitsgeschichte des Lukas: „In jenen Tagen erließ Kaiser Augustus den Befehl, alle Bewohner des Reiches in Steuerlisten einzutragen. Diese Eintragung war die erste und geschah, als Quirinius Statthalter von Syrien war" (2, 1—2). Als *Legatus Augusti pro praetore* leitet er die römische Provinz Syrien. Nebenher stellt er Bevölkerungszahl und Vermögensverhältnisse in der neu gebildeten Prokuratur Judäa fest. Er organisiert das Steuer- und Zollwesen nach römischer Art: Über Steuerpächter werden die Gelder zum Prokurator und von ihm nach Rom fließen. Diese Steuerpächter sind keine Beamten, sondern freie Unternehmer. Sie stellen nach Bedarf Mitarbeiter ein, um die Grenz- und Marktzölle eintreiben zu können. Als Kollaborateure der Besatzungsmacht ziehen sie sich Unwillen und Haß der Nationalisten zu.

Schon beim Tod Herodes des Großen, zehn Jahre zuvor, hatte die Gruppe der Sadduzäer eine römische Verwaltung gewünscht. Der Kaiser, seine Militärs und Beamten können auf ihre Zusammenarbeit rechnen. Wie gut sie funktionieren kann, zeigt der Prozeß um Jesus von Nazaret. Dort ar-

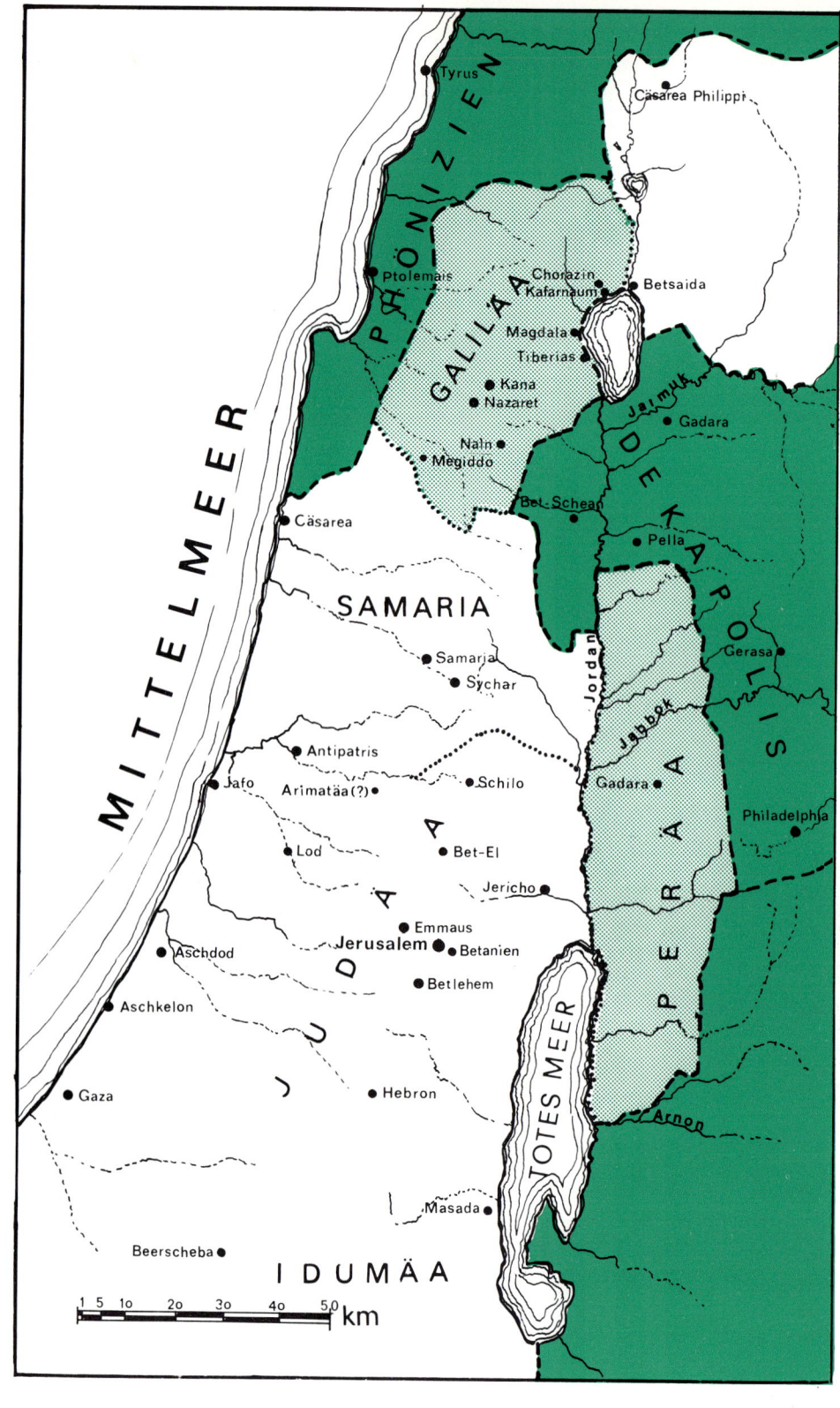

**Palästina zur Zeit
des Neuen Testaments.
Judäa, Samaria und
Idumäa stehen unter
römischer Verwaltung.
In Galiläa und Peräa
regiert Herodes Antipas.**

MITTELMEER

PHÖNIZIEN

Tyrus

Cäsarea Philippi

Ptolemais

Chorazin
Kafarnaum
Betsaida

GALILÄA

Magdala
Tiberias

Kana
Nazaret

Naïn
Megiddo

Bet-Schean

DEKAPOLIS

Gadara

Jarmuk

Pella

Gerasa

Cäsarea

SAMARIA

Samaria
Sychar

Jordan

Jabbok

Antipatris

Schilo

Gadara

PERÄA

Philadelphia

Jafo

Arimatäa(?)

Lod

Bet-El

Jericho

Emmaus

Jerusalem
Betanien

Aschdod

Betlehem

TOTES MEER

Aschkelon

J U D Ä A

Gaza

Hebron

Arnon

Masada

Beerscheba

I D U M Ä A

1 5 1o   2o   3o   4o   5,0 km

beitet die sadduzäische Clique um die Hohenpriester Hannas und Kajafas dem römischen Richter in die Hände.

Die jüdische Verwaltung im Land bleibt weitgehend eigenständig. Sie liegt in den Händen des Hohen Rats. Er bildet den Senat der jüdischen Polis Jerusalem und ihrer Umgebung. Amtliche Schreiben der Römer werden an „Regierung, Senat und Volk der Jerusalemer" adressiert. Auf den Vorsitzenden des Hohen Rats, den amtierenden Hohenpriester, achten die Römer besonders. Sie benennen ihn. Sie setzten ihn ab. Das hohepriesterliche Gewand wird von der Garnison in der Burg Antonia aufbewahrt, liegt also unter römischem Verschluß.

Das religiöse Empfinden der Juden wird berücksichtigt. Keine Feldzeichen mit dem Bild des Kaisers tauchen in Jerusalem auf. Wenigstens zunächst nicht! Jüdische Religion und Tempelkult stehen unter kaiserlichem Schutz.

Der Imperator wünscht nur, daß die Priester am Tempel in Jerusalem ihrem Gott auch Opfer zu seinen Gunsten darbringen. Allerdings ändern sich die günstigen Vorzeichen, die Augustus der Politik gegenüber den

Unter Augustus wird Judäa Teil einer römischen Provinz. Religion und Kult bleiben unangetastet.

Juden gegeben hat, als in Rom praktisch ein Judenhasser, der Gardepräfekt Seianus, seine Schreckensherrschaft ausübt. Er ernennt den vierten und fünften Präfekten für Judäa, Samaria und Idumäa: Valerius Gratus und Pontius Pilatus. Diese Männer lassen die Bevölkerung deutlich spüren, wer Herr ist im Land. Sie demonstrieren römische Macht. Der übermächtige Gardepräfekt in Rom und sein willfähriges Werkzeug in Cäsarea am Meer sind in hohem Maß verantwortlich für eine lieblose und unmenschliche Politik, deren Opfer auch Jesus von Nazaret werden sollte.

2. Der Oberherr: Kaiser Tiberius

> Ich bin ein sterblicher Mensch. Menschliche Pflichten habe ich zu erfüllen, und mir ist es genug, wenn ich den Platz eines Prinzeps ausfüllen kann ... Dies werden meine Tempel in Euren Herzen sein, dies meine schönsten und unvergänglichsten Bildnisse. Denn die Denkmäler aus Stein werden, wenn sich das Urteil der Nachwelt in Haß verwandelt, Grabmälern gleich geachtet werden. Daher beschwöre ich die Bürger und die Götter, die letzteren, daß sie mir bis an mein Lebensende einen ruhigen und einen göttlichen und menschlichen Rechts kundigen Sinn verleihen mögen, jene ersteren dagegen, daß sie, wenn ich entschlafen bin, Lob und ehrende Erinnerungen meinen Taten und dem Rufe meines Namens folgen lassen mögen.

Dies schreibt Kaiser Tiberius über sich selbst. Die Provinz Baetika hatte ihm angeboten, einen Tempel für den Herrscherkult zu bauen. Mit diesem Brief lehnt er das Angebot ab. Tiberius beansprucht keine göttlichen Ehren. Er will bei Bürgern und Untertanen als Mensch gelten. Und ohne Zweifel hatte er hervorragende menschliche Züge. Sein Leben gleicht in vielen Szenen allerdings einer menschlichen Tragödie.

Als er vier Jahre alt ist, wird seine Mutter Livia die Frau des Kaisers Augustus. Bei dieser kühl berechnenden Dame scheint er kaum Wärme gefunden zu haben. Er lernt nicht, anderen Menschen spontan, offen und mit Gefühl zu begegnen. So wirkt er etwas kalt und abweisend. Den jugendlichen Spielgefährten bereits gilt er als „alter Herr".

In der ihm anvertrauten wichtigen Aufgabe als Feldherr in Germanien, Helvetien und Illyrien hat er Erfolg. Aber zählt er als Mensch? Kann er sich irgendwo geliebt und angenommen wissen? Sein Stiefvater hat zwei seiner leiblichen Enkel adoptiert. Einer von ihnen wird Reich und Macht erben. Auch die Ehe kann ihm nicht mehr Ort menschlicher Begegnung sein. Seiner Mutter Livia zuliebe hat er seine erste Frau Vipsania entlassen müssen. Er sollte Julia, die Tochter des Kaisers heiraten. Sie paßt nicht zu ihm, aber er gehorcht. Doch sein Inneres widerstrebt. Er kann mit dieser Frau nicht zusammenleben. Sicher hat er gelernt, seiner Umwelt eine kalte Maske zu zeigen. Sie brauchte nicht zu wissen, „wie's da drin aussieht". Aber wie er einmal Vipsania, seiner ersten Frau, auf der Straße begegnet, kann er diese künstliche Haltung nicht bewahren. Ein Weinkrampf packt ihn.

Tiberius zieht sich zurück. Freiwillig geht er nach Rhodos ins Exil. Von dort kehrt er erst zurück, als Julia auf die Insel Pandateria verbannt ist. Erst mit 46 Jahren — nach unserem Kalender im Jahr 4 nach Christus — adoptiert Augustus seinen Stiefsohn. Zwei der leiblichen Enkel waren gestorben. Den dritten wird Augustus testamentarisch zum Tode verurteilen. Gleichzeitig erhält Tiberius die *tribunicia potestas.* Er darf also die Rechte eines Volkstribunen ausüben. Im Jahr 13 nach Christus überträgt ihm der Kaiser das *imperium consulare,* die Befehlsgewalt über das ganze Reich. Hat er es geschafft? Wird er als freier Mensch, als eigenständige Persönlichkeit schließlich das Reich des Augustus regieren?

Das Testament des Augustus ist zugleich ein harter Schlag für den 56-jährigen Tiberius. Er erbt nur zu zwei Dritteln! Seine Mutter erhält das andere Drittel und dazu noch den Titel Augusta.

Tiberius zögert dem Senat gegenüber, die Nachfolge des großen Augustus anzutreten. Doch dann steigt er ein in diese Aufgabe, für die er nicht geschaffen war. Gewiß konnte er vieles geeigneten Persönlichkeiten anvertrauen. Er konnte sich Ratgeber und Minister suchen. Doch gerade auf diesem Gebiet zeigt sich ein entscheidender Mangel: dem ersten Mann des römischen Staates fehlt die Menschenkenntnis. Er ist froh um jeden, der ihm helfen will. Eine bessere Gelegenheit kann sich der Gardepräfekt Seianus gar nicht wünschen. Um das Jahr 18 nach Christus beginnt sein Aufstieg. Und ein Jahr später gilt plötzlich nicht mehr, was die Römer einst dem Simon Makkabäus geschrieben und was vor kurzem noch Augustus bekannt hatte. Doch schauen wir zunächst zurück.

Ein Judenfeind greift nach der Macht in Rom.

Im Jahre 139 hatte Simeon, Hoherpriester, Fürst und Feldherr der Juden, eine Gesandtschaft nach Rom geschickt. Mit Schutzbriefen des Konsuls Lucius war sie zurückgekehrt:

> Die jüdischen Gesandten sind als Freunde und Verbündete zu uns gekommen, um das alte Freundschaftsbündnis zu erneuern; der Hohepriester Simeon und das jüdische Volk hatten sie geschickt. Sie brachten auch einen goldenen Schild im Wert von tausend Minen mit. Wir haben nun beschlossen, Könige und Staaten schriftlich anzuweisen, nichts gegen die Juden zu unternehmen, gegen sie, ihre Städte und ihr Land keinen Krieg zu führen und ihre Gegner nicht zu unterstützen. Auch beschlossen wir, den Schild von ihnen anzunehmen.
>
> 1 Makkabäer 15, 17—20

Kaiser Augustus nannte die Juden „Freunde des römischen Volkes" und „treue Untertanen". Jetzt wird ein von jüdischen Schwindlern veranlaßter Betrug einer römischen Dame für den Gardepräfekten Seianus zum äußeren Anlaß, gegen die Juden vorzugehen. Darum kann Sueton über Tiberius berichten:

> Er unterdrückte die Einführung fremder Kulte, namentlich der ägyptischen und jüdischen. Er zwang die Anhänger dieses Aberglaubens, ihre zum Gottesdienst gehörigen Kleider samt allem Kultgerät zu verbrennen. Die jungen Juden ließ er als Soldaten zum Kriegsdienst ausheben und unter diesem Vorwand über die Provinzen mit ungesundem Klima verteilen. Die übrigen Angehörigen dieses Volkes oder ähnlicher Sekten wies er aus der Stadt Rom aus. Auf Nichtbeachtung dieses Befehls stand die Strafe lebenslänglicher Sklaverei.
>
> Sueton, Tiberius 36

Münzbild des Kaisers Tiberius, „Sohn des göttlichen Augustus"

Seite 23:
Blick über das römische Forum zum Tabularium. Auf dem Podium hinten links stand der Concordia-tempel, den Tiberius erneuern ließ.

Aus den Annalen des römischen Geschichtsschreibers Tacitus wissen wir, daß damals viertausend Juden nach Sardinien geschickt wurden, um die dortigen Straßenräuber zu bekämpfen.

Der Judenhasser Seianus baut seine Macht weiter aus. Er läßt sämtliche Gardetruppen in Rom zusammenziehen. Im Jahr 23 läßt er am Viminal das Prätorianerlager bauen. Seianus hat die Stadt in seiner Hand. Drusus, der einzige Sohn des Kaisers, durchschaut das falsche Spiel. Seianus läßt ihn vergiften.

Der Kaiser mag an die Spannungen in der eigenen Familie denken, als er den Tempel der Concordia, der Eintracht, am Fuß des kapitolinischen Hügels erneuern läßt. Ihm setzen die Streitereien mit seiner Mutter und mit Agrippina der Älteren hart zu. Er will nicht mehr in Rom bleiben. Im Jahr 26 zieht er sich nach Kampanien, schließlich auf die Insel Capri zurück. Von dort aus will er sich wenigstens um die Provinzen kümmern. In Rom hat ja ohnehin Seianus die Dinge in der Hand. Dieser präsentiert auch einen Gesinnungsgenossen, den Ritter Pilatus aus dem Geschlecht der Pontier, als fünften Statthalter für Judäa. Jedenfalls wird dieser Mann in einer Periode judenfeindlicher Politik ernannt. Und diese Politik ging voll und ganz auf das Konto des Gardepräfekten.

Ein Judenfeind wird Statthalter in Judäa.

Tiberius hatte die Ruhe in den Provinzen sichern wollen, als er die Amtszeit der obersten Beamten verlängerte. Zehn Jahre lang wird Pilatus in Palästina sein. Und diese Jahre werden — gegen den Willen des Kaisers — verdammt unruhig verlaufen. Aber noch durchschaut Tiberius nicht, was gespielt wird. Im Grunde weiß er auch nicht, ob Pilatus der richtige Mann ist.

Erst im Jahr 31 gelingt es Antonia, einer Schwägerin des Kaisers, Seianus auf seinem Weg zur Macht aufzuhalten:

Seianus nämlich, ein Freund ihres verstorbenen Gatten und als Befehlshaber der Prätorianer der einflußreichste Mann jener Zeit, hatte eine Verschwörung angestiftet, an der sich viele Senatoren mit ihren Freigelassenen beteiligten und für die auch das Heer gewonnen war. Die Verschwörung hatte also schon weite Teile ergriffen, und es fehlte nicht viel, da wäre dem Seianus dieser Anschlag gelungen, wenn nicht Antonia ihn entschlossen und klug überlegt verhindert hätte. Sobald sie Kunde von dem Komplott erhalten hatte, schrieb sie an Tiberius. Sie übergab den Brief dem ergebensten ihrer Sklaven, Pallas, und schickte ihn damit nach Capreae (Capri) zu Tiberius. Darauf ließ der Cäsar den Seianus und alle seine Mitverschworenen hinrichten.

Flavius Josephus, Jüdische Altertümer 18, 6, 6

Der übermächtige Gardepräfekt war gestürzt. Sein Günstling Pilatus blieb im Amt. Wie viele Beschwerden über den Präfekten Judäas überhaupt nach Capri kamen, wissen wir nicht. Leicht konnte ein Ankläger im Gefängnis landen, ehe er seine Nachricht anbringen durfte. Zudem war Tiberius ein großer Zauderer.

> Der Cäsar konnte überhaupt zaudern, wie kein anderer König oder Fürst. So ließ er auch die Gesandtschaften oft lange warten und gab seinen Statthaltern und Landpflegern nicht leicht Nachfolger, wenn sie nicht gerade mit Tod abgingen.
>
> Flavius Josephus, Jüdische Altertümer 18, 6, 5

Ein Gesuch der Juden ist sicher zum Kaiser gelangt. Darin baten ihre Sprecher, die goldenen Weiheschilde entfernen zu lassen, die Pilatus in der Herodesburg aufgestellt hatte. Tiberius tadelt den Pilatus und befiehlt, die Schilde nach Cäsarea am Meer zu schaffen. Anscheinend fällt dieses Ereignis in die Zeit nach dem Sturz des Seianus. Damals fordert der Kaiser sogar seine Statthalter auf, die Eigenart der Juden zu beachten.

Lesen Sie dazu den Bericht des Philon auf den Seiten 90 und 91.

Nebenbei bemerkt

Die zuletzt genannte Nachricht verdanken wir dem jüdischen Philosophen und Theologen Philon von Alexandrien. Im Jahr 40 unserer Zeitrechnung reist er als Leiter einer fünfköpfigen Gesandtschaft nach Rom. Er will dort die jüdischen Belange vor dem Kaiser Gaius Caligula vertreten. Seine Sicht der Auseinandersetzung zwischen hellenistischer Welt, römischem Anspruch und dem Judentum schreibt er nach dem gewaltsamen Tod des Kaisers nieder. Das Werk trägt den Titel „Legatio ad Gaium – Die Gesandtschaft an Caligula". Philon zeichnet den Kaiser Gaius Caligula als Bestie, verurteilt dessen Selbstvergottung und beschreibt das Mühen der Juden um erträgliche Verhältnisse. Caligulas Handeln gegen Jerusalem und seinen Tempel wird dem des Tiberius gegenübergestellt. Der Vorgänger ist gegen Pilatus eingeschritten, als dieser die Juden provoziert hatte.

Tiberius bleibt in Capri, gebrochen, verunsichert und einsam. In einem Brief an den Senat vom Jahr 32 lesen wir: „Wenn ich weiß, was ich Euch schreiben soll, oder wie ich schreiben soll, oder was ich überhaupt nicht schreiben soll in dieser Zeit, mögen mich die Götter und Göttinnen noch schlimmer verderben, als ich mich schon täglich zugrundegehen fühle".

Zweimal noch versucht er, nach Rom zu reisen. Im Frühling des Jahres 37 kommt er bis zum siebten Meilenstein der Via Appia. Nur für kurze Zeit hatte er seine einsame Wohnung auf Capri verlassen. Auf der Rückfahrt erkrankt er. Die Begleiter bringen ihn zur prachtvollen Villa am Kap Misenum, die einst der Diktator Gaius Marius hatte anlegen lassen. Dort stirbt der Kaiser am 16. März.

Tiberius hatte in seinem Leben wenig Freunde. Er konnte kaum öffentliche Anerkennung erreichen. Die Chronisten malen seine Fehler aus. Sueton gefällt sich darin, über den Kaiser das aufzuschreiben, „was sich kaum erzählen oder anhören, geschweige denn glauben läßt". Breit schildert er Altershomosexualität und Sadismus des Vereinsamten. Die Senatoren, von Tiberius unterdrückt, rächen sich auf ihre Weise. Ihre Partei ergreift Tacitus. Seinem Vorsatz zum Trotz, alles „sine ira et studio", also sachlich und vorurteilsfrei, weiterzugeben, zeichnet er ein einseitiges Bild des Tiberius:

> Als Kaiser suchte er, solange noch Germanicus und Drusus am Leben waren, seine Laster zu verbergen und Tugendhaftigkeit zu heucheln. Ebenso waren zu Lebzeiten seiner Mutter noch gute und schlechte Eigenschaften in ihm geteilt. Wenn auch seine Grausamkeit fluchwürdig war, so wußte er doch seine Lüste zu verstecken, während er Seianus liebte oder fürchtete. Zuletzt ließ er sich aber in Verruchtheit und Lasterhaftigkeit gehen, seitdem er nach Beseitigung von Scham und Furcht nur noch seiner wahren Natur folgte.

In die Zeit des Tiberius fällt Jesu Predigen und Wirken. Er trägt die Verantwortung für die Ernennung des obersten Beamten in Judäa. Er hat Pilatus im Amt belassen, obwohl er ihn einmal gehörig zur Ordnung rufen mußte. Er hat ihn auch dann nicht abberufen, als er die Politik den jüdischen Mitbürgern gegenüber geändert hatte. Das waren zweifellos Fehler. Von einer subjektiven Schuld des Kaisers wird keiner reden, der sein Leben und die Not seiner Seele auch nur ein wenig kennengelernt hat.

3. Zur Lage und Stimmung in Galiläa

„Du gehörst wirklich zu ihnen; du bist doch auch ein Galiläer." Das sagen die Leute im Hof der hohenpriesterlichen Villa zu Petrus (vgl. Mk 14, 70). Galiläer bezeichnet seine landsmannschaftliche Herkunft. Doch in diesem Begriff schwingen Untertöne mit, vor allem wenn ihn ein Jerusalemer ausspricht. Versuchen wir Haupt- und Nebentöne aufzunehmen.

Drei Stämme Israels hatten im Norden gesiedelt: Ascher, Sebulon und Naftali. Sie zählten sich zu Davids Großreich, später zum Nordreich Israel. Doch 732 vor Christus war Tiglat-Pileser III. von Assyrien in ihr Gebiet eingefallen. König Ahas von Juda hatte ihn gerufen, obwohl der Prophet Jesaja dagegen protestierte.

Vergleichen Sie dazu auch Jesaja 7, 1-25.

26

In den Tagen Pekachs, des Königs von Israel, zog Tiglat-Pileser, der König von Assur, heran. Er eroberte Ijon, Abel-Bet-Maacha, Janoach, Kedesch, Hazor, Gilead, Galiläa, das ganze Land Naftali, und führte ihre Bewohner in die Gefangenschaft nach Assur.

2 Könige 15, 29

Aramäer und andere fremde Stämme werden angesiedelt. Galiläa wird „das Gebiet der Heiden" (Jes 8, 23). Wenige Jahre später verschwindet auch das Nordreich Israel von der Landkarte. Sargon II. erobert Samaria im Jahr 721. Die Könige von Jerusalem können zeitweise ihre Grenzen nach Norden schieben. Galiläa bleibt außerhalb ihres Gebiets. Auch in der persischen Zeit — als die Judäer aus Babylon zurückkehren dürfen — reicht der Arm Jerusalems nicht so weit nach Norden. Dennoch siedeln schließlich wieder Juden im Norden Palästinas. Um das Jahr 160 bitten sie den Makkabäer Judas und dessen Brüder um Hilfe. Diese können die

Landschaft am Nordwestufer des Sees Gennesaret

ferne Landschaft nicht auf Dauer sichern. Darum werden die Juden Galiläas „mit ihren Frauen und Kindern und ihrem ganzen Besitz unter großem Jubel nach Judäa" zurückgebracht (1 Makk 5, 23). Um das Jahr 104 können ihre Nachkommen wieder nordwärts ziehen. Die anderen Bewohner Galiläas zwingt der berüchtigte Hasmonäerfürst Aristobul zum jüdischen Glauben. Jetzt gehört die Bevölkerung zur Tempelgemeinde Jerusalems.

Die „besseren Juden", die in und um die Hauptstadt herum wohnen, schauen auf die Galiläer herab. Jene wollen natürlich beweisen, daß sie gleichberechtigt sind. Begeistert setzen sich Landbewohner Galiläas für das jüdische Gesetz ein. Sie protestieren gegen alles, was Glauben und Brauchtum gefährdet. Von keinem wollen sie sich in ihrer Liebe zur Lehre der Väter übertreffen lassen.

Das bekommt Quirinius, der römische Legat in Syrien, deutlich zu spüren. Im Gebiet Judäa, Idumäa und Samaria soll er die Steuerschätzung durchführen. Die Galiläer, die gar nicht betroffen sind, begehren auf. Sie schüren den Widerstand. Einer der Anführer stammt zwar aus Gamala, einem Ort östlich des Sees Gennesaret. Doch er bekommt den Beinamen „der Galiläer". Jetzt meint das Wort etwas Neues. Von jetzt an heißt es auch soviel wie Aufrührer, Revolutionär, Umstürzler, Anarchist. Dieser Unterton klingt auch mit in dem Wort an Petrus: „Auch du bist ein Galiläer". Sicher verrät ihn mit seine Aussprache des Aramäischen. Wie alle seine Landsleute unterscheidet er nicht zwischen „ch" und „h".

In Galiläa entsteht die extrem nationalistische Partei der Zeloten, jener „Eiferer", die mit der Waffe in der Hand ihr Judentum verteidigten. Hier sammelt Johannes von Gischala, dem heutigen Gusch Halab, seine Truppen zum ersten Aufstand gegen Rom.

Ein ehemaliger Zelot — der zweite mit Namen Simon — zählt zu den Jüngern Jesu. Fast alle stammen sie aus Galiläa. Dort wirken sie. Wer einen Verdacht gegen sie und vor allem gegen ihren Meister schüren will, braucht nur hintergründig und verstehend zu flüstern: Das sind eben Galiläer.

Galiläer = Aufrührer und Revolutionär

4. Der Landesherr Jesu: Herodes Antipas

Zur Zeit Jesu wird Galiläa von Herodes Antipas verwaltet. Der Fürst — sein eigentlicher Titel ist „Tetrarch = Viertelsfürst" — verdankt seine Stellung dem Testament seines Vaters Herodes des Großen und der Gnade der Römer. Er lebt in zweiter Ehe mit Herodias, der Tochter seines Halbbruders Aristobul. Nach jüdischem Gesetz ist sie noch an ihren ersten Mann Herodes Boethus gebunden, einen weiteren Halbbruder ihres jetzigen Gatten.

Antipas treibt eine Politik nach den Grundsätzen seines Vaters. Er ist der hellenistischen Kultur verpflichtet. Nach außen hin nimmt er gewisse Rücksichten auf seine jüdischen Untertanen. Er zeigt sich an den Festen in Jerusalem. Auf seinen Münzen werden keine Götter, Menschen oder Tiere abgebildet.

Auf seiner Festung Machärus — sie liegt im Landesteil Peräa über dem Ostufer des Toten Meeres — läßt Antipas den Täufer Johannes enthaupten.

Über diese Bluttat des Herodes Antipas berichten auch die Evangelien, zum Beispiel Mk 6, 17-29.

> Ihn hatte Herodes hinrichten lassen, obwohl er ein edler Mann war, der die Juden anhielt, nach Vollkommenheit zu streben. Er ermahnte sie nämlich, Gerechtigkeit gegeneinander und Frömmigkeit gegen Gott zu üben und so zur Taufe zu kommen . . . Seine Reden hatten eine wunderbare Anziehungskraft. Darum bekam Herodes Angst, das Ansehen dieses Mannes, dessen Rat allgemein befolgt zu werden schien, könnte das Volk zum Aufruhr treiben. Er hielt es daher für besser, ihn rechtzeitig aus dem Weg zu räumen, als nach einer Wende der Dinge in Gefahr zu geraten und dann, wenn es zu spät sei, Reue empfinden zu müssen. Auf diesen Verdacht hin ließ also Herodes den Johannes in Ketten legen, nach der Feste Machärus bringen . . . und dort hinrichten.
>
> Flavius Josephus, Jüdische Altertümer 18, 5, 2

Nach dem Markusevangelium sieht Herodes Antipas in Jesus den wiedererweckten Täufer (Mk 6, 14—16). Und Lukas weiß zu berichten, daß einige Pharisäer Jesus vor dem Tetrarchen warnen:

> Zu dieser Zeit kamen einige Pharisäer zu ihm und sagten: Geh weg, verlaß dieses Gebiet; denn Herodes will dich töten. Er antwortete ihnen: Geht und sagt diesem Fuchs: Ich treibe Dämonen aus und heile Kranke heute und morgen, und am dritten Tag bin ich am Ziel.
>
> Lukas 13, 31—32

Jesus schlägt diese Warnung in den Wind. Seinem Landesherrn begegnet er in Galiläa wohl nie von Angesicht zu Angesicht. Ob er Herodes Antipas bewußt aus dem Weg gegangen ist, weiß ich nicht. Dessen Residenzstadt Tiberias, am Westufer des Sees Gennesaret neu erbaut, hat er nie betreten. Von einer „Begegnung" Jesu mit Herodes Antipas erzählt allein das Lukasevangelium. Jene Szene spielt am Karfreitag in Jerusalem. Sie stellt zwei Menschen einander gegenüber, die Welten trennen.

Hinter dieser Erzählung steht das Wissen: Jesus wurde als „König der Juden" verurteilt.

Als Pilatus erfuhr, daß Jesus aus dem Gebiet des Herodes komme, ließ er ihn zu Herodes bringen, der in jenen Tagen ebenfalls in Jerusalem war. Herodes freute sich sehr, als er Jesus sah; schon lange hatte er sich gewünscht, ihn zu sehen, denn er hatte von ihm gehört. Nun hoffte er, ein Wunder von ihm zu sehen. Er stellte ihm viele Fragen, doch Jesus gab ihm keine Antwort. Die Hohenpriester und Schriftgelehrten, die dabeistanden, klagten ihn aufs schärfste an. Herodes und seine Soldaten zeigten ihm deutlich ihre Verachtung. Er verspottete Jesus, ließ ihm ein Prunkgewand umhängen und schickte ihn so zu Pilatus zurück.

Lukas 23, 7—11

5. Die Regierungspartei in Jerusalem

Vom Jahr 6 nach Christus bis zum Untergang des Tempels stellt die „großbürgerliche nationalliberale Partei" der Sadduzäer fast alle Hohenpriester. Zur Zeit Jesu ist sie also Regierungspartei. Zu ihr und auf sie zählen Hannas und Kajafas. Zu ihr gehört die aristokratische Priesterschaft.

Ihr politisches Ideal war zunächst ein Tempelstaat. Unter den Hasmonäern, den jüdischen Herrschern vor Herodes dem Großen, gaben sie sich jüdisch national. Sie hofften auf ein neues Reich Israel, aus dem alles Heidnische ausgemerzt ist. Ihr Ideal einer reinen Judenheit muß weitergewirkt haben. Zu ihm paßten dann auch Jesus, Petrus, Johannes und Jakobus nicht.

Als Gesetz kannten die Sadduzäer nur den Pentateuch, das Fünfbuch des Mose. Anscheinend hatten es ihnen jene Abschnitte besonders angetan, wo vom Ausmerzen des Heidnischen, des Bösen gesprochen wird. Ob sie gar nie die Gefahr erkannten, daß sie ihren Willen und ihre Absichten mit dem Willen Gottes verwechseln könnten?

Trotz ihres Ideals arbeiten sie dann mit den Römern zusammen. Sie befürworten schon nach dem Tod des Herodes eine römische Verwaltung. Immer wieder ernennen die römischen Prokuratoren sadduzäische Hohepriester. Sie hatten keinen Anlaß, an ihrer Loyalität zu zweifeln. Doch als die Stunde jüdischer Selbstbestimmung anzubrechen scheint, stellt sich einer der ihren, der Tempelhauptmann Eleazar, gegen Rom. Wir stehen im Jahr 66 nach Christus:

Eine Schar jener Juden hatte sich zusammengefunden, die um jeden Preis den Krieg wollten. Sie waren aufgebrochen nach einer Feste namens Masada. Dort überrumpelten sie die römi-

Seite 31:
Wenn Herodes Antipas in Jerusalem weilte, diente ihm der königliche Palast der Hasmonäer als Wohnung.

sche Standortbesatzung, machten sie nieder und legten eine
Abteilung eigener Leute hinein.
Um diese Zeit forderte Eleazar, Sohn des Hohenpriesters
Ananias, ein ganz verwegener junger Mann, der damals die
Tempelwache befehligte, die diensttuenden Priester auf, keine
Gaben oder Opfer mehr von Nichtjuden anzunehmen. Das war
der eigentliche Anfang des Krieges gegen die Römer. Denn jetzt
war praktisch das Opfer für die Römer und für den Kaiser zu-
rückgewiesen.

Flavius Josephus, Jüdischer Krieg 2, 17, 2

Die Weltanschauung der Sadduzäer läßt sich mit der des Deismus vergleichen: Gott hat zwar die Welt geschaffen. Er kümmert sich aber kaum
um ihr Schicksal und um das ihrer Bewohner.

Sie leugnen das Schicksal völlig und behaupten, Gott habe mit
dem Tun und Lassen der Menschen nicht das geringste zu
schaffen. Der freie Wille entscheide allein über gutes oder böses
Handeln.

Flavius Josephus, Jüdischer Krieg 2, 8, 14

Der Mensch handelt also völlig frei. Er ist für seine Handlungen voll
verantwortlich. Allerdings kann er nur auf dieser Welt zur Verantwortung
gezogen werden. Mit dem Tod endet jedes menschliche Leben für immer.
Zumindest gibt es keine Auferstehung der Toten, keine jenseitige Ver-
geltung. Neben anderen bezeugt diese Anschauung der Sadduzäer auch
ein Text der Evangelien:

Von den Sadduzäern, die behaupten, es gebe keine Auferstehung,
kamen einige zu Jesus und fragten ihn: Meister, Mose hat uns
vorgeschrieben: Wenn jemand, der einen Bruder hat, stirbt und
eine Frau hinterläßt aber kein Kind, dann soll sein Bruder die
Frau heiraten und für seinen Bruder Nachkommen zeugen. Es
lebten einmal sieben Brüder. Der erste nahm eine Frau, und als
er starb, hinterließ er keine Kinder. Da nahm sie der zweite und
starb; auch er hinterließ keine Nachkommen, und ebenso der
dritte. Keiner der sieben hatte Nachkommen. Als letzte von allen
starb die Frau. Wessen Frau wird sie nun bei der Auferstehung
sein, wenn sie auferstanden sind? Alle sieben haben sie doch
zur Ehefrau gehabt.

> Jesus sagte zu ihnen: Daran zeigt sich, daß ihr euch irrt. Ihr kennt weder die Schrift noch die Macht Gottes. Denn wenn sie von den Toten auferstehen, werden sie nicht mehr heiraten, sondern wie die Engel im Himmel sein.
> Daß aber die Toten auferweckt werden — habt ihr das nicht im Buch des Mose in der Geschichte vom Dornbusch gelesen, wo Gott zu ihm sprach: Ich bin der Gott Abrahams, der Gott Isaaks und der Gott Jakobs? Er ist doch nicht ein Gott der Toten, sondern der Lebenden. Ihr irrt euch sehr.
>
> Markus 12, 18—27

Die Sadduzäer lehnen auch den damals weit verbreiteten Glauben an Zwischenwesen, Engel und Dämonen ab. Das sadduzäische Recht ist nicht auf uns gekommen. Mit dem Untergang des Tempels verschwindet die Religionspartei der Sadduzäer. Niemand schreibt später ihre Überlieferung auf. Wir wissen, daß sie sich streng an die fünf Bücher Mose gehalten hat. Jede Anpassung war verpönt. Der Mensch hat sich nach dem Gesetz zu richten. Eine Novelle zu den mosaischen Vorschriften war undenkbar. Die Sadduzäer gaben sich erzkonservativ. Ihren Zeitgenossen müssen sie hart und lieblos erschienen sein.

Ihre Parteigänger, die an den Prozessen gegen Jesus und seinen Bruder Jakobus beteiligt sind, kennen ihr Ziel, verwirklichen ihre Absicht. Da begegnen uns Männer, die gewohnt sind, ihren Willen durchzusetzen. Fanatischen Ketzerfressern gleich, können sie kaum erwarten, bis das in ihren Augen Böse ausgetilgt ist.

6. Geistig-religiöse Macht: Die pharisäischen Schriftgelehrten

Immer wieder nennen die Evangelien Pharisäer und Schriftgelehrte gemeinsam. Tatsächlich gehören die meisten Schriftgelehrten zur pharisäischen Religionspartei. Sie sind deren Führer in doppeltem Sinn: Die Schriftgelehrten schaffen das Frömmigkeitsideal, dem die Pharisäer — Leute des handwerklichen Mittelstands — nachstreben. Und sie haben das Sagen. Sie sprechen oft in den Synagogen, denn sie kennen das „Gesetz", die fünf Bücher des Mose, und seine „moderne" Auslegung. Ihre Lehre wird Volksgut. Sie ist maßgebend im Judentum Palästinas zur Zeit Jesu.

Schriftgelehrte und Pharisäer

Für die junge Kirche sind sie die eigentlichen, nach dem Jahr 70 die einzigen Gegner auf jüdischer Seite. Die Auseinandersetzungen der frühen Kirchengeschichte spiegeln sich auch in den Evangelien. Geradezu kämpferisch stellt sich Paulus, einst selbst Pharisäer, gegen ihr Verständnis des Gesetzes als Weg zum Heil.

Die Pharisäer nennen ihre Partei „Genossenschaft". Sie sind straff organisiert. Untereinander reden sie sich mit „Genosse" an. Ihr Verband kennt Aufnahmebestimmungen. Jeder Teilnehmer muß in einer Vorbereitungszeit beweisen, daß er die Vorschriften des jüdischen Gesetzes erfüllt. Später nimmt er an den Treffen der Partei teil.

Zur Zeit des Herodes zählen die Pharisäer sechstausend Mitglieder. Sie machen nur 1,2 Prozent der Bevölkerung aus. Doch ihr Einfluß ist groß. Sie bilden die stärkste Fraktion im Hohen Rat.

Einfluß und Macht der Schriftgelehrten

Ihre Macht gründet vor allem auf dem Wissen, der Bildung und dem Gesetzesverständnis ihrer Schriftgelehrten. Wer richtig leben will, erfährt von ihnen, wie er zu leben hat. Sie wissen, nach welchen Regeln der Mensch vor Gott bestehen kann.

Sie selbst sind sicher fromm. Sie mühen sich, vor Gott gerecht zu sein. Sie wollen das Gesetz erfüllen. Damit sie es ja nicht verletzen, umbauen sie es mit einem „Zaun" weiterer Vorschriften.

Ihr gutes Handeln wird das Kommen des Reiches Gottes beeinflussen. Auch darauf vertrauen sie. Und das macht sie etwas stolz. Sie zeigen ihr Bekenntnis durch ihre Lebenshaltung und ihre Bräuche. Sie legen Wert auf Sabbatruhe, kultische Reinheit und auf die Abgabe des Zehnten. Sie geben auch den Zehnten von Gewürzkräutern und Erzeugnissen, die gar nicht der Zehntpflicht unterliegen:

> Ihr zahlt den Zehnten von Minze, Dill und Kümmel und laßt das Wichtigste im Gesetz außer acht: Gerechtigkeit, Barmherzigkeit und Treue.
>
> Mattäus 23, 13

Sie halten sich auf ihre genaue Kenntnis und das Befolgen des Gesetzes etwas zugute. Sie geben sich als die besonderen Lieblinge Gottes aus. Sie tun schließlich etwas für ihn. Der Gedanke, auf die eigene Leistung zu pochen oder wenigstens zu vertrauen, muß sich einstellen.

> Einigen, die davon überzeugt waren, gerecht zu sein, und alle anderen verachteten, erzählte Jesus dieses Beispiel: Zwei Männer gingen zum Tempel hinauf, um zu beten; der eine war ein Pharisäer, der andere ein Zöllner. Der Pharisäer stellte sich hin und sprach leise dieses Gebet: Gott, ich danke dir, daß ich nicht wie die anderen Menschen bin, die Räuber, Betrüger, Ehebrecher oder auch wie dieser Zöllner dort. Ich faste zweimal in der Woche und gebe dem Tempel den zehnten Teil meines ganzen Einkommens. Der Zöllner aber blieb hinten stehen und wagte nicht einmal, seine Augen zum Himmel zu erheben, sondern schlug sich an die Brust und betete: Gott, sei mir Sünder gnädig.
>
> Lukas 18, 9—13

Da steht ein großer Angeber vor seinem Herrn. Mein Gott, was bin ich für ein Kerl. Ich habe gar nicht nötig, dich um etwas zu bitten. — Diese Erzählung zeichnet einen Typ. Wir kennen andere Pharisäer. Wir wissen, daß auch sie auf Gottes Gutsein hofften. Auch sie fühlten sich an sein Erbarmen verwiesen. Hören wir gleichsam als Gegenzeugen den berühmten Rabbi Johanan ben Zakkai. Von ihm erzählt jüdische Überlieferung:

> Als Rabban Johanan ben Zakkai krank war, traten seine Schüler bei ihm ein, um ihn zu besuchen. Als er sie sah, fing er an zu weinen. Seine Schüler sagten zu ihm: Leuchte Israels, rechte Säule, starker Hammer, warum weinst du? Er antwortete ihnen: Wenn man mich nur vor einen König aus Fleisch und Blut führen würde, der heute noch hier ist und morgen schon im Grabe, dessen Zorn, wenn er mir zürnt, nicht ewig dauert, dessen Fessel, wenn er mich bindet, nicht ewig fesselt, und dessen Todesstrafe, wenn er mich tötet, keinen ewigen Tod bedeutet, den ich mit Worten überreden oder mit Geld bestechen könnte, würde ich schon weinen. Aber jetzt erst, da man mich vor den König der Könige, vor den Heiligen, gepriesen sei er, führt, der ewig und in alle Zeiten lebt und besteht, dessen Zorn, wenn er mir zürnt, ewig dauert, dessen Fessel, wenn er mich bindet, ewig fesselt, und dessen Todesstrafe, wenn er mich tötet, den ewigen Tod bedeutet, den ich nicht mit Worten überreden oder mit Geld bestechen kann, und außerdem, da doch vor mir zwei Wege sind, einer in den Garten Eden und der andere ins Gehinom (in die Hölle), und ich nicht weiß, auf welchen von beiden man mich führen wird, da soll ich nicht weinen?
>
> Berakot 28 b; Übersetzung nach Kurt Schubert

Ihre politische Einstellung umreißt Flavius Josephus, eingeschriebenes Parteimitglied der Pharisäer: Sie leisten den Königen hartnäckigen Widerstand, sind geheim oder offen zum Kampf bereit. Sie verweigern den Eid auf den römischen Kaiser und den König Herodes.

Unter innerem Protest zahlen sie die Steuer für den Kaiser. Sie lehnen jeden Einfluß fremder Kultur im jüdischen Land ab. Die von Herodes gebauten Theater und Gymnasien sind ihnen ein Ärgernis.

Die Römer können bei ihnen kaum auf Zusammenarbeit hoffen. Männer dieser Partei passen schwerlich als Ankläger neben den Richterstuhl des Pilatus.

Die Lehre der Schriftgelehrten gründet in der Tora, im Fünfbuch des Mose, und auf mündlicher Überlieferung. Beide gehen — nach ihrer Meinung — auf Mose zurück. Sie glauben, daß mit dem großen Gesetzgeber auch die „mündliche Tora" begonnen hat. Sie wissen sich in lebendigem Zusammenhang mit Mose. Selbst Jesus gesteht zu, daß die Schriftgelehrten auf dem Stuhl des Mose sitzen.

Manchmal werten sie die mündliche Überlieferung höher als das Wort der Schrift. Zu stark halten sie sich dann an die „Überlieferung der Alten". Ihr Verhältnis zum Gesetz, zur Tora, ist allerdings offen für die Diskussion um die rechte Auslegung. Zu einer Bestimmung des Alten Testaments wissen sie die verschiedensten Erklärungen gelehrter Männer. Sie fragen auch Jesus nach seiner Deutung. Diese Fragen sind — zumindest teilweise — echt und auch ernst gemeint. Sie nehmen Jesus hinein in ihr fortwährendes Gespräch über die Offenbarung.

Die Lehre Jesu und der Pharisäer haben manches gemeinsam.

Die Schriftgelehrten lassen also eine Vielfalt von Meinungen gelten. Darum bieten sie zu einer Stelle des Gesetzes oft mehrere Deutungen nebeneinander. Manches Wort Jesu könnte ebensogut von einem Pharisäer gesprochen sein. Wie Jesus bezieht sich Rabbi Johanan ben Zakkai auf ein Wort des Propheten Hosea: „Denn nicht Schlachtopfer will ich, sondern Liebe, nicht Brandopfer, sondern Gotteserkenntnis" (6, 6). Vor den Ruinen des im Jahr 70 zerstörten Tempels in Jerusalem tröstet er einen seiner Schüler: „Sei nicht traurig, wir haben eine Entsühnung, die der ersten (im Tempel) gleichkommt . . .: Das Tun guter Werke, denn es heißt: Wohltun will ich und nicht Opfer".

Ein Pharisäer formuliert die Goldene Regel: „Was dir nicht lieb ist, das tue auch deinem Nächsten nicht!" Jesus sagt — positiv gewendet — dasselbe: „Alles, was ihr von anderen erwartet, das tut auch für sie!" (Mt 7, 12)

Die Pharisäer öffnen sich auch neuen Glaubensinhalten, die in den fünf Büchern Mose nicht verbürgt sind. Sie bekennen die leibliche Auferstehung der Toten. Sie erwarten ein letztes Gericht, das Gerechte und Sünder scheidet. Sie glauben, daß jeder einzelne sich nach seinem Tod dem persönlichen Gericht stellen muß.

Sie versuchen die überlieferten Gesetze und Vorschriften den menschlichen Möglichkeiten und der veränderten Situation anzupassen. Wir sehen das etwa aus ihrer Haltung zum Sabbatgebot. Damit sie recht deutlich wird, vergleichen wir drei verschiedene Einstellungen in dieser Frage.

Um das Jahr 167 hatte ein Jude namens Mattatias das Signal zum Aufstand gegen die syrische Politik im jüdischen Land gegeben. Die Soldaten des Königs Antiochus IV. Epiphanes schlagen zurück.

Damals gingen viele, die Recht und Gerechtigkeit suchten, in die Wüste hinunter, um dort zu leben. Ihre Kinder und Frauen und ihr Vieh nahmen sie mit, denn ihre Lage zu Hause war unerträglich geworden. Aber man meldete den Beauftragten des Königs und der Besatzung, die in der Davidstadt von Jerusalem war: Viele, die die Anordnung des Königs mißachtet haben, sind in die Wüste zu den Höhlen hinabgezogen. Da setzte ihnen eine starke

Heutiges Judentum gründet auch auf der Tradition der Pharisäer.

Truppe nach; als sie die Juden eingeholt hatten, stellte sie sich ihnen gegenüber auf und machte sich zum Kampf bereit, obwohl an jenem Tag Sabbat war. Die Soldaten riefen ihnen zu: Jetzt ist es vorbei! Kommt heraus und tut, was der König sagt, dann bleibt ihr am Leben! Die Juden antworteten: Wir gehen nicht hinaus und tun nicht, was der König sagt; wir werden den Sabbat nicht entweihen. Da gingen die Soldaten sofort zum Kampf über. Die Juden gaben keine Antwort mehr; sie warfen nicht einmal Steine auf sie, noch versperrten sie die Eingänge der Höhlen. Denn sie sagten: Wir wollen lieber alle sterben, als schuldig werden.

1 Makkabäer 2, 29—37

Der Grundsatz dieser gesetzestreuen Juden heißt: Lieber tot, als den Sabbat entweihen!

Die Gruppe der Essener, zu der auch die „Mönche von Qumran" gehörten, faßte das Gebot der Sabbatruhe unmenschlich streng:

> Niemand darf einem Vieh am Sabbat Geburtshilfe leisten. Wenn es in eine Grube oder in eine Zisterne geworfen hat, soll man es am Sabbat nicht herausholen.
>
> Ein lebendiger Mensch, der ins Wasser oder sonst wo hineinfällt, den darf man nicht mit einer Leiter, einem Strick oder einem (anderen) Gerät herausholen.
>
> Damaskusschrift XI, 13 f. 16 f; Übersetzung nach Johann Maier

Die Einstellung der Essener zur Frage Sabbatruhe und bedrohtes Leben läßt sich in den Satz fassen: Lieber sterben lassen, als am Sabbat retten.

Die Haltung der Pharisäer können wir ähnlich kurz umreißen. Für sie stand fest: Jede Lebensgefahr verdrängt den Sabbat.

Die Evangelien zeichnen „Pharisäer und Schriftgelehrte" als Gesprächspartner und als *die* Gegner Jesu. Pharisäer warnen Jesus vor Herodes Antipas, seinem Landesherrn. Ein Schriftgelehrter fragt Jesus: „Welches Gebot ist das erste von allen?" Jesus antwortet ihm, und der Schriftgelehrte pflichtet der Antwort bei. Einem schriftgelehrten Pharisäer hat der Verfasser des Johannesevangeliums ein literarisches Denkmal gesetzt mit seiner Meditation vor dem Bild der Begegnung zwischen Jesus und dem Pharisäer Nikodemus:

> Ein Pharisäer mit Namen Nikodemus, ein Ratsherr der Juden, suchte Jesus bei Nacht auf und sagte zu ihm: Rabbi, wir wissen, du bist ein Lehrer, der von Gott gekommen ist; denn niemand kann die Zeichen tun, die du tust, wenn nicht Gott mit ihm ist. Jesus antwortete ihm: Amen, Amen, ich sage dir: Wenn jemand nicht von oben geboren wird, kann er das Reich Gottes nicht schauen. Nikodemus entgegnete ihm: Wie kann ein Mensch, der alt ist, geboren werden? Er kann doch nicht in den Schoß seiner Mutter zurückkehren und ein zweites Mal geboren werden. Jesus antwortete: Amen, Amen, ich sage dir: Wenn jemand nicht aus Wasser und Geist geboren wird, kann er nicht in das Reich Gottes kommen.
>
> Johannes 3, 1—5

Sicher wird Jesus nach pharisäischem Gesetzesverständnis schuldig. Darum glauben sie, ihn angreifen zu müssen. Ja, sie untergraben sein Ansehen beim Volk. Sie machen seine Wunder verächtlich. Jesus muß sich mit ihnen auseinandersetzen. Sein Anspruch schließt den ihren aus. Ein offener Konflikt entsteht. Er bestimmt Jesu Weg und Schicksal mit. Daß Schriftgelehrte und Pharisäer an Leiden und Tod des galiläischen Propheten direkt schuldig geworden sind, läßt sich kaum beweisen. Daß sie von sich aus Jesus dem Pilatus zugespielt hätten, scheint mir ziemlich unwahrscheinlich.

Die Lehre der Schriftgelehrten und die Frömmigkeit der Pharisäer gründen auf dem Gesetz, auf den ersten Büchern der Bibel. Sie sind nicht gebunden an den Tempel und seinen Kult. Was sie fordern und sich vorgenommen haben, läßt sich im Menschen verwirklichen, wo immer er lebt. Solche Lehre konnte den Untergang des Tempels überstehen. Sie fand und findet ihre Anhänger in der Welt. Immer neu fordert sie den Vergleich mit der Lehre Jesu und der seiner Jünger. Das Gespräch dauert an.

Beispiel zum jüdisch-christlichen Gespräch: Synagogaler Gottesdienst beim Katholikentag in Mönchengladbach.

II. Der Anlaß zum Prozeß

1. Jesus und das Sabbatgebot

Jesus bricht den Sabbat. Mit seinen Jüngern übertritt er ganz bewußt ein Gesetz des Alten Testaments. So müssen es die Gesetzestreuen und Mißgünstigen um ihn herum werten. Dem Rang nach steht das Gebot, den Sabbat zu heiligen, an zweiter Stelle. Ein ganzer Traktat der Mischna handelt nur vom Sabbat. Dort ist festgelegt, welche Arbeiten die gebotene Ruhe brechen.

Seite 40:
Am Betesdateich spielt
die Heilung des Gelähmten
an einem Sabbat nach
Johannes, Kapitel 5.

> Die Hauptarbeiten sind vierzig weniger eins:
> pflügen, säen, ernten, Garben binden, dreschen, worfeln und auslesen;
> mahlen, sieben, kneten und backen;
> Wolle scheren, bleichen, hecheln, färben, spinnen und weben;
> zwei Weberfäden ziehen, zwei Fäden weben, zwei Fäden spalten;
> einen Knoten knüpfen und lösen, zwei Stiche nähen, aufreißen
> in der Absicht, zwei Stiche zu nähen;
> ein Reh jagen, schlachten, das Fell abziehen, einsalzen, gerben,
> abschaben und zerschneiden;
> zwei Buchstaben schreiben, auswischen in der Absicht,
> zwei Buchstaben zu schreiben;
> bauen, niederreißen, löschen, anzünden, mit dem Hammer
> schlagen und aus einem Bezirk in einen anderen tragen.
> Das sind die Hauptarbeiten, vierzig weniger eins.
>
> Traktat Sabbat VII 2

Verbotene Erntearbeit

Schon früh zeichnet sich der Konflikt mit Vertretern anderer Richtungen im Judentum ab. Bald wird es um mehr und um anderes gehen als eine schriftgelehrte Diskussion.

> An einem Sabbat ging er durch die Kornfelder. Unterwegs rissen seine Jünger Ähren ab. Da sagten die Pharisäer zu ihm: Sieh dir das an! Warum tun sie etwas, das am Sabbat verboten ist?

Er antwortete: Habt ihr nie gelesen, was David getan hat, als er und seine Begleiter hungrig waren und nichts zu essen hatten? Wie er zur Zeit des Priesters Abjatar in das Haus Gottes ging und die Schaubrote aß, die außer den Priestern niemand essen darf, und auch seinen Begleitern davon gab? Und Jesus fuhr fort: Der Sabbat ist für den Menschen da, nicht der Mensch für den Sabbat.

Markus 2, 23—27

So vollzieht sich das Gespräch zwischen Schriftgelehrten. Argument und Gegenargument scheinen uns nicht recht zu passen. Jesu Jünger pflücken und essen Erlaubtes zu verbotener Zeit. David nimmt und ißt Brot, das allein den Priestern zusteht. Auch einige Einzelheiten stimmen nicht ganz. Die Geschichte mit David spielt unter Ahimelech, dem Vater des Abjatar. David hat das Heiligtum nicht betreten. Der Priester brachte die Schaubrote heraus. Doch darauf kommt es eigentlich gar nicht an. Hier begegnet das erste Streitgespräch über die Sabbatfrage. Sie wird eine wichtige Rolle auf und für Jesu Weg spielen.

Die Pharisäer deuten das Tun der Jünger als Erntearbeit. Und die ist nun einmal am Sabbat verboten. Doch Jesus nimmt die Kritik nicht an. Seine Grundhaltung steht fest. Und die müssen seine „Gegner" als gewagt empfinden. Da bestreitet einer geltendes Recht. So hat kein Jude jemals über den Sabbat gesprochen: „Der Sabbat ist für den Menschen da, nicht der Mensch für den Sabbat" (Mk 2, 27). Wer das vertritt, verunsichert das Volk. Er verführt. Ja, er lästert Gott.

Jesu klares Wort zum Sabbatgebot

Verbotene Heilung

Markus verknüpft mit dem kurzen Streitgespräch eine Wundererzählung. Sie spielt in irgendeiner Synagoge. Der Ort ist nicht überliefert. Markus denkt sicher an eine jüdische Gemeinde in Galiläa.

Als er ein andermal in eine Synagoge ging, saß dort ein Mann, dessen Arm gelähmt war. Und sie beobachteten Jesus, ob er am Sabbat heilen werde; denn sie wollten einen Grund zur Anklage gegen ihn finden. Da sagte er zu dem Mann mit dem gelähmten Arm: Steh auf und stell dich in die Mitte! Und zu den anderen sagte er: Ist es erlaubt, am Sabbat Gutes statt Böses zu tun, ein Leben zu retten, statt es zugrunde gehen zu lassen? Sie aber schwiegen. Da schaute er sie der Reihe nach an, voll Zorn und Trauer über die Verhärtung ihres Herzens, und sagte zu dem Mann: Streck deinen Arm aus! Er streckte ihn aus, und sein Arm war wieder gesund. Da gingen die Pharisäer hinaus und faßten zusammen mit den Anhängern des Herodes den Beschluß, Jesus umzubringen.

Markus 3, 1—6

Aufpasser sitzen unter den Besuchern. Die Überlieferung empfiehlt solche „Spitzel von Gottes Gnaden" geradezu. Wenn ein Privatmann einen anderen zu einem fremden Gott verführen will, fehlt vielleicht der zweite Zeuge. Der Gerichtshof könnte den Verführer nicht verurteilen. Für diesen Fall rät die Mischna zu List und Hinterhalt:

> Hat er zu *einem* gesprochen, soll ihm dieser sagen: Ich habe Genossen, die sich dafür (für eine fremde Gottheit) interessieren. Wenn jener schlau war, dann redete er nicht vor diesen (ihm fremden Leuten). Darum legt man ihm besser einen Hinterhalt hinter der Mauer. Der zuerst Angesprochene fordert ihn auf: Wiederhole, was du mir unter vier Augen gesagt hast! Und jener sagt es. Der andere aber entgegnet: Wie könnten wir unseren Gott im Himmel verlassen und hingehen, Stein und Holz anzubeten? Wenn nun jener zurücktritt, ist alles gut. Wenn er aber sagt: Das müssen wir tun und so frommt es uns, dann bringen ihn die, welche hinter der Mauer stehen, zum Gerichtshof. Und man steinigt ihn.   Traktat Sanhedrin VII 10 c

Jesus kämpft für sein Verständnis des Sabbatgebots. Er ist ganz dabei. Da seine Gegner nicht reagieren, blickt er empört und mitleidig auf die Dasitzenden. Die Stimmung im Raum, das Verhalten Jesu — sie zeigen: hier geht es um wichtiges Geschehen. „Ist es erlaubt, am Sabbat Leben zu retten?" fragt Jesus. Darauf kann auch der Gesetzestreue, sogar der strengste Jude mit einem klaren Ja antworten. Aber geht es jetzt darum, Leben zu retten? Für den Erzähler dieser Wundergeschichte ist das keine Frage: Hier will Jesus einem Menschen begegnen durch sein Tun. Hier soll jemand „Heil widerfahren". Darum wird hier Leben gerettet.

Jesus setzt sich für den Primat des Menschlichen ein.

Wer Jesu Sendung nicht anerkennt, denkt an eine einfache Heilung. Die Krankheit scheint chronisch und nicht tödlich. Sie kann noch morgen oder nächste Woche kuriert werden. Am Sabbat ist das Heilen verboten. Nur Lebensgefahr und die Geburtshilfe beim Menschen brechen den Sabbat. Im übrigen darf kein Bruch eingerenkt, kein Kind gestreckt, ein verstauchtes Glied nicht im kalten Wasser hin und hergeschwenkt werden.

So wird verständlich, daß zu ähnlicher Heilung am Sabbat Lukas den Protest des Synagogenvorstehers anmerkt:

> Am Sabbat lehrte Jesus in einer Synagoge. Dort saß eine Frau, die seit achtzehn Jahren krank war, weil sie von einem Dämon geplagt wurde; ihr Rücken war krumm, und sie konnte nicht mehr aufrecht gehen. Als Jesus sie sah, rief er sie zu sich und sagte: Frau, du bist von deinem Leiden erlöst. Und er legte ihr die Hände auf. Im gleichen Augenblick richtete sie sich auf und pries Gott. Der Synagogenvorsteher aber war empört darüber, daß Jesus

43

Wir haben drei Erzählungen überdacht, die auf eine Auseinandersetzung Jesu um das Sabbatgebot weisen. Die frühen Erzähler wissen noch genau: diese Konflikte waren wichtig im Leben ihres Meisters. Sie wurden mit Anlaß zu seinem Tod. Das macht Markus durch den Satz deutlich, den er dem Wunderbericht angefügt hat: „Da gingen die Pharisäer hinaus und faßten zusammen mit den Anhängern des Herodes den Beschluß, Jesus umzubringen" (Mk 3, 6).

Der Konflikt um die
Sabbatfrage —
eine Station zum Kreuz

Gerade in der Sabbatfrage konnte jene Gruppe, die gegen Jesus stand, ihre Intrigen mit einem scheinheiligen Mäntelchen verdecken. Sie konnte glauben machen, daß sie für das Gesetz des Mose und die Überlieferung der Alten eintrete.

Nach dem geltenden Recht der jüdischen Gemeinschaft hat Jesus sein Leben verwirkt. Denn sicher galt damals schon, was später in der Mischna niedergelegt wurde:

Das sind die, die gesteinigt werden: der Lästerer, wer fremden
Dienst treibt . . ., wer den Sabbat entweiht . . ., der Verleiter und
Volksverführer, der Zauberer.

Traktat Sanhedrin VII 4 a

2. Jesus kritisiert das Gesetz

Das Alte Testament kennt reine und unreine Tiere. Frauen werden unrein durch ihre Menstruation und durch die Geburt eines Kindes. Aussatz und Ausfluß, Berühren einer Leiche oder eines Grabes machen unrein. Unbewußt oder durch naturbedingte Vorgänge verlieren Menschen ihre Reinheit für einen Tag, eine Woche, achtzig Tage oder gar für den Rest ihres Lebens.

Seite 44:
Synagoge in Bar'am
nahe der heutigen
libanesischen Grenze

Das Judentum der Zeit Jesu hat die Reinheitsgesetze nicht erfunden. Sie sind grundgelegt im dritten und fünften Buch Mose, etwa Levitikus 11—15. Sie verpflichten so gut wie die zehn Gebote. Denn sittliche und kultische Gebote gelten als gleichrangig. Die Lehrer und Gesetzeskundigen verstehen sich als Ausleger und Deuter des von Gott gegebenen Gesetzes.

45

Das Judentum weiß
sich in besonderer Weise
auf die Tora bezogen:
Gekrönte Schriftrollen
bei der Feier des
Laubhüttenfestes
in Jerusalem

Und dann kommt Jesus und lehrt anders. Mit „einem der größten
Worte in der Geschichte der Religionen" verwirft er Reinheitsgesetze und
ihre Auslegung:

> Nichts, was von außen in den Menschen hineinkommt,
> kann ihn unrein machen,
> sondern nur, was aus dem Menschen herauskommt,
> das macht ihn unrein.
>
> Markus 7, 15

Die beiden Schulen der angesehenen Rabbinen Hillel und Schammai
streiten über den Grund zur Scheidung einer Ehe. Wann darf ein Mann
seine Frau entlassen? Wenn sie die Suppe anbrennen läßt? Wenn sie mit

aufgelösten Haaren über die Straße läuft? Die Diskussion entzündet sich an einem Bibelwort:

> Wenn ein Mann eine Frau geheiratet hat und ihr Ehemann geworden ist, sie ihm dann aber nicht gefällt, weil er etwas Anstößiges entdeckt, wenn er ihr dann einen Scheidebrief ausstellt, ihn ihr übergibt und sie aus seinem Haus fortschickt, wenn sie sein Haus dann verläßt, hingeht und die Frau eines anderen Mannes wird, wenn auch der andere Mann sie nicht mehr liebt, ihr einen Scheidebrief ausstellt, ihn ihr übergibt und sie aus seinem Haus fortschickt; oder wenn der andere Mann, der sie geheiratet hat, stirbt, dann darf sie ihr erster Mann, der sie fortgeschickt hat, nicht wieder heiraten.
>
> Deuteronomium 24, 1—4

Da wird ein ganz bestimmter Fall geregelt. Es geht nur um die Frage, ob ein Mann jene Frau wieder heiraten darf, die nach einer Ehe mit ihm noch einmal verheiratet gewesen ist. Von einer „Erlaubnis", die Frau zu entlassen, redet der Bibeltext nicht. Dennoch beruft sich die Praxis auf Mose und damit auf den offenbarenden Gott: „Sie sagten: Mose hat erlaubt, die Frau aus der Ehe zu entlassen, wenn man eine Scheidungsurkunde ausgestellt hat" (Mk 10, 4). Jesus wischt mit einem Satz die ganzen Sorgen der Gesetzesausleger weg:

> Was Gott verbunden hat, das darf der Mensch nicht trennen.
>
> Markus 10, 9

Schon diese zwei Worte Jesu beleuchten schlaglichtartig den Graben zwischen ihm und den amtlichen Lehrern und Gesetzeskundigen. Doch hier geht es nicht bloß um die Aussage! Der hier spricht, erhebt einen gewaltigen Anspruch. Er ist vollmächtiger Ausleger von Gottes Gesetz und Überlieferung. Vom Hören auf sein Wort, vom Anerkennen seiner Autorität hängt alles Heil ab. Er fordert wie ein Prophet. Noch mehr! Er ist der letzte, der endgültige Prophet. Sein Wort gilt mehr als das Gesetz des Mose. Er weiß sich als der Verkünder, an dem keiner vorbeikommt. Solcher Anspruch wirkt anmaßend, ärgerlich und lästerlich für jeden, der nicht an die Sendung Jesu glaubt. Da scheint sich einer an Gottes Stelle zu setzen. Da tritt einer als falscher Prophet auf. Dieser verurteilt sich selbst. Ja, das überlieferte Gesetz hat im Grunde schon das Urteil über ihn gefällt:

Jesu Anspruch — Anstoß für seine Gegner

> Erdrosselt werden: Wer seinen Vater oder seine Mutter schlägt, wer eine Person aus Israel stiehlt . . ., der falsche Prophet, wer im Namen des fremden Dienstes weissagt . . .
>
> Traktat Sanhedrin XI 1

3. Jesus kommt nach Jerusalem

Pascha ist Wallfahrtsfest der Juden. Zahlreiche Pilgerscharen ziehen zur Heiligen Stadt. Die Galiläer kommen in großen Karawanen den Jordan entlang nach Jericho. Sie reisen in Gruppen wegen der Räuber, die dem ziehenden Wanderer, Händler und Pilger auflauern. Sie meiden Samaria auf ihrer „Hadsch". Von der Palmenstadt Jericho führt der Weg durch die Wüste Juda, steigt hügelan zum Sattel zwischen Ölberg und Skopus. Plötzlich sehen die Festpilger die heilige Stadt vor sich liegen. Mauern, Höfe und Gebäude des Tempels. Rechts davon erhebt sich trutzig die Burg Antonia mit den vier Ecktürmen. Dort sitzt ein Trupp der römischen Fremdenlegion. Soldaten des Statthalters wachen über den Tempelplatz. Der Gedanke daran läßt vielen Galiläern keine Ruhe. Ihnen war es nie um Geld und Gut gegangen, sondern zuerst um die Ehre. Und da glauben sie die Ehre des freien Mannes, die Ehre des auserwählten Volkes gekränkt.

Bald ist Pascha, Fest des Auszugs aus Ägypten, der Befreiung von Fremdherrschaft. Wann ruft Gott den neuen Mose, den Befreier vom Römerjoch? Wann schickt er den König, den Gesalbten? Wo ist der Sproß aus Davids Geschlecht, der von Jerusalem aus ein freies Volk regiert?

Pilatus kennt die Stimmung im Volk. Er weiß, wie schnell ein Aufstand oder auch nur eine kleine Demonstration die Menschen ergreift. Darum zieht auch er jedes Jahr vor dem Fest nach Jerusalem. Mit Truppen.

Diesmal ist Jesus von Nazaret unter den Pilgern. Er kommt mit seinen Jüngern zum Fest. Das ist ein Mann, von dem man redet. Die Galiläer feiern den Propheten in ihrer Mitte. Gemeinsam rufen sie die Jubelpsalmen, wie sie vom Ölberg zum Kedrontal ziehen:

Vom Ölberg geht der Blick auf Zinnen und Mauern der Stadt und auf den weiten Tempelplatz.

Uralte Wege verbinden die Orte am Ölberg und führen von der Höhe ins Kedrontal und zur Heiligen Stadt.

Öffnet mir die Tore zur Gerechtigkeit,
damit ich eintrete, um dem Herrn zu danken.
Das ist das Tor zum Herrn,
nur Gerechte treten hier ein.
Ich danke dir, daß du mich erhört hast!
Du bist für mich zum Retter geworden.
Der Stein, den die Bauleute verworfen,
er ist zum Eckstein geworden.
Das hat der Herr vollbracht,
vor unseren Augen geschah dieses Wunder.
Dies ist der Tag, den der Herr gemacht;
wir wollen jubeln und uns an ihm freuen.
Ach, Herr, Hosianna (= bring doch Hilfe)!
Ach, Herr, gib doch Gelingen!
Gesegnet sei er, der kommt im Namen des Herrn!
Wir segnen euch vom Haus des Herrn her.
Gott, der Herr, erleuchte uns.
Mit Zweigen in den Händen
schließt euch zusammen zum Reigen,
bis zu den Hörnern des Altars.
Du bist mein Gott, dir will ich danken;
mein Gott, dich will ich rühmen.
Danket dem Herrn, denn er ist gütig,
denn seine Huld währt ewig!

Psalm 118, 19—29

Lesen Sie nach diesem Psalm den Bericht vom Einzug Jesu, Markus 11, 7-10, und achten Sie auf Gemeinsamkeiten!

Wir wissen nicht, wie oft Jesus in Jerusalem gewesen ist. Markus erzählt nur von diesem einen Zug Jesu nach Jerusalem. Deutlich unterscheidet sein Evangelium zwei Wirkbereiche: zuerst predigt und heilt Jesus nur in Galiläa, erst gegen Ende seines Lebens kommt er nach Jerusalem. Für ihn bedeutet diese Ankunft Jesu den Einzug des Messias in die heilige Stadt. Für ihn erfüllt sich jetzt die Voraussage des Sacharja:

Juble laut, Tochter Zion!
Jauchze, Tochter Jerusalem!
Denn dein König kommt zu dir.
Er ist gerecht und hilft;
er ist bescheiden und reitet auf einem Esel,
auf dem Fohlen einer Eselin.

Sacharja 9, 9

Nebenbei bemerkt

Was die Jünger Jesu auf dem Weg ihres Meisters zum Kreuz erfahren, deuten sie im Licht des Alten Testaments. Aus den alten Schriften verstehen sie Sinn und Bedeutung dieser Tage. Zu den Büchern, nach denen sie immer wieder greifen, gehört der Sammelband, der unter dem Namen eines Propheten Sacharja auf uns gekommen ist. Damit Sie wenigstens einen Überblick erhalten, stelle ich die Texte des Sacharja und die entsprechenden der Evangelien einander gegenüber.

Das Buch Sacharja als Deutehilfe für die letzten Tage Jesu in Jerusalem

Sacharja	Evangelien
Juble laut, Tochter Zion! Jauchze, Tochter Jerusalem! Denn dein König kommt zu dir. Er ist gerecht und hilft; er ist bescheiden und reitet auf einem Esel, auf dem Fohlen einer Eselin. 9, 9	Jesus fand einen jungen Esel und setzte sich darauf, wie geschrieben steht: Fürchte dich nicht, Tochter Zion; siehe, dein König kommt und sitzt auf einem Eselsfüllen. Johannes 12, 14 f
Ich sagte zu ihnen: Wenn es euch recht scheint, so bringt mir meinen Lohn; wenn nicht, so laßt es! Doch sie wogen mir meinen Lohn ab, dreißig Silberstücke. 11, 12 f	Darauf ging einer der Zwölf namens Judas Iskariot zu den Hohenpriestern und sagte: Was wollt ihr mir geben, wenn ich ihn euch ausliefere? Sie zahlten ihm dreißig Silberstücke. Mattäus 26, 14 f
Doch über das Haus Davids und die Einwohner Jerusalems werde ich den Geist des Mitleids und des Gebets ausgießen. Und sie werden auf den blicken, den sie durchbohrt haben. 12, 10	Ein Soldat stieß mit der Lanze in seine Seite, und sogleich floß Blut und Wasser heraus . . . Das ist geschehen, damit die Schrift erfüllt wurde: . . . Sie werden auf den schauen, den sie durchbohrt haben. Johannes 19, 34. 36
Schwert, erheb dich gegen meinen Hirten, gegen den	Da sagte Jesus zu ihnen: Ihr werdet alle an mir irre werden;

Mann meines Vertrauens — Wort des Herrn der Heere. Schlag den Hirten, dann werden sich die Schafe zerstreuen! 13, 7	denn es steht geschrieben: Ich werde den Hirten schlagen, und die Schafe werden zerstreut. Markus 14, 27
Die Kochtöpfe im Haus des Herrn werden gebraucht wie die Opferschalen vor dem Altar. Jeder Kochtopf in Jerusalem und Juda wird dem Herrn der Heere geweiht sein. Alle, die zum Opfer kommen, nehmen die Töpfe und kochen mit ihnen. Und kein Kanaaniter wird an jenem Tag mehr im Haus des Herrn der Heere sein. 14, 20 f	Jesus ging in den Tempel und trieb die Händler und Käufer aus dem Tempel hinaus, er stieß die Tische der Geldwechsler und die Stände der Taubenhändler um und ließ nicht zu, daß jemand irgend etwas durch den Tempelbezirk trug. Markus 11, 15 f

Auch das Judentum rechnet mit der Ankunft des Erlösers auf einem Esel.

Die zuerst genannte Stelle aus dem Buch Sacharja wurde in der jüdischen Überlieferung auf den zweiten Erlöser und sein Kommen bezogen: „Wenn die Israeliten dessen würdig sind, kommt er mit den Wolken des Himmels; wenn sie nicht würdig sind, arm und reitend auf einem Esel."

Übrigens war auch das Bild des auf dem Esel reitenden Schriftgelehrten in Palästina vertraut. Vom berühmten Rabbi Johanan ben Zakkai — er lebte, als unsere Evangelien geschrieben wurden — wird berichtet: Es geschah, daß Rabbi Johanan ben Zakkai auf einem Esel ritt und seine Jünger gingen hinter ihm her.

Vor allem bei Sach 14, 21 müssen wir uns fragen, wie weit die alttestamentliche Vorlage die Erzählung von der Tempelreinigung geprägt und geformt hat. Wir tun den evangelischen Berichten ja immer dann unrecht, wenn wir sie als Geschichtsquelle mißverstehen. Sie wollen und können nicht unbeteiligt ein Geschehen aus Jesu Leben schildern.

Sicher wird der Zug der galiläischen Festpilger beobachtet. Die priesterliche Partei der Sadduzäer liebt keine Provokation. Sie arbeitet mit den Römern zusammen. Die Galiläer sind ihr verdächtig. Sie bilden einen Unruheherd. Darum wird ihr Handeln aufmerksam überwacht.

Jetzt werden die führenden Männer Jerusalems mit dem Anspruch des Propheten aus Nazaret konfrontiert. Er fordert sie heraus. Die Auseinandersetzung beginnt.

4. Jesus greift in die „Tempelordnung" ein

Über eine breite Freitreppe führt der Weg aus der Südstadt zum Tempelplatz. Auf breiter Terrasse versammeln sich die Pilger. Durch einen der Korridore gelangen sie unter der königlichen Halle hindurch auf den äußeren Vorhof. Jeder kann hierher kommen. Daher heißt er auch „Vorhof der Heiden". Der heilige Platz mit den Vorhöfen der Frauen, der Männer und der Priester sowie dem eigentlichen Tempelgebäude ist von diesem großen Areal ausgegrenzt. Eine niedere Steinmauer bildet eine deutliche Schranke. Der heilige Bezirk darf von keinem Heiden betreten werden. Eine entsprechende Warnung ist auf Griechisch in einige Steinblöcke gemeißelt:

Der Tempelplatz mit dem Heiligtum, den Höfen und Hallen. Deutlich ist die Barriere zwischen dem Vorhof der Juden und der Heiden zu erkennen.

> Kein Fremdstämmiger soll in die Umfriedung um das Heiligtum eindringen und die Schranke überschreiten. Wer ergriffen wird, hat sich den daraus folgenden Tod selbst zuzuschreiben.

Außerhalb des heiligen Bezirks herrscht ein buntes Treiben. Da stehen Gruppen diskutierender Menschen. In der Halle Salomos an der Ostmauer

53

Warntafel mit griechischer Inschrift von der Trennmauer zwischen Vorhof der Juden und der Heiden beim herodianischen Tempel

lehrt ein Rabbi seine Schüler. Tauben gurren, Schafe blöken, Kälber brüllen. Dazwischen rufen Händler und Geldwechsler nach Kunden. An einigen Stellen wird noch gebaut. Die Besucher sind diesen ständigen Lärm gewöhnt. Da und dort beten Menschen mit erhobenen Armen.

Nichts fällt aus dem üblichen Rahmen. Niemand nimmt Anstoß. Handel und Geldwechsel scheinen notwendig. Die vielen Pilger können auf ihren oft langen Wegen die notwendigen Opfertiere nicht mitführen. Hier finden sie Tiere ohne Fehler, die allen Vorschriften des Kults entsprechen. Selbst die Armen können noch die Tauben für ihr Opfer erwerben.

Jeder männliche Israelit muß jährlich eine Doppeldrachme als Tempelsteuer zahlen. Sie wird seit alten Zeiten in tyrischer Währung entrichtet. Die Wechsler tauschen die kursierenden jüdischen, griechischen und römischen Münzen in „heiliges" Geld. Natürlich kassieren sie ein entsprechendes Aufgeld. Sie wollen verdienen. Und schließlich müssen sie auch ihre Konzession bezahlen. So bekommt wohl die Familie des Hohenpriesters Hannas einen Geschäftsanteil.

Überraschend und unerwartet schreitet Jesus gegen die gewohnte „Ordnung" ein. Er setzt ein deutliches Signal:

> Er trieb die Händler und Käufer aus dem Tempel hinaus, er stieß die Tische der Geldwechsler und die Stände der Taubenhändler um und ließ nicht zu, daß jemand irgend etwas durch den Tempelbezirk trug.
>
> Markus 11, 15 f

Sicher räumt Jesus nicht den ganzen Platz. Schon gar nicht kann er jeden abfangen, der ein Gefäß über den Platz trägt! Erst recht ist sein Auftreten im Vorhof des Tempels kein bewaffneter Versuch, im Herzen Jerusalems Fuß zu fassen. Solch dumme Ansichten haben weder die biblischen Berichte noch ein Quäntchen Wahrscheinlichkeit für sich. Eine großangelegte Aktion hätten die Tempelpolizei und die römischen Fremdenlegionäre vereitelt. Das Eingreifen in einem Teilbezirk genügt. Allen muß klar sein: Hier geht es nicht gegen diesen oder jenen Wechsler. Da reagiert nicht ein geprellter Kunde. Dieser Angriff richtet sich gegen die Verantwortlichen. Was die Oberpriester genehmigt haben, mißbilligt Jesus. Doch ihm geht es nicht um eine kleine Kultreform. Darauf weist sein Wort: „Reißt diesen Tempel nieder. In drei Tagen errichte ich ihn neu." Der Tempel, sein Kult werden in Frage gestellt. Die Heilszeit bricht an. Die Gegner spüren den Anspruch Jesu. Sie fragen nach seiner Vollmacht.

Die „Tempelreinigung" zeigt erneut den Anspruch Jesu.

> Als Jesus im Tempel umherging, traten die Hohenpriester, Schriftgelehrten und Ältesten zu ihm und fragten ihn: Mit welchem Recht tust du das? Wer hat dir die Vollmacht gegeben, das zu tun? Jesus sagte zu ihnen: Zuerst will ich euch eine Frage vorlegen. Antwortet mir, dann werde ich euch sagen, mit welchem Recht ich das tue. Stammte die Taufe des Johannes vom Himmel oder von den Menschen? Antwortet mir! Da überlegten sie und sagten zueinander: Wenn wir antworten, vom Himmel, wird er sagen: Warum habt ihr ihm dann nicht geglaubt? Sollten wir also antworten, von den Menschen? Sie fürchteten aber das Volk; denn alle glaubten, daß Johannes wirklich ein Prophet war. Darum antworteten sie Jesus: Wir wissen es nicht. Jesus erwiderte ihnen: Dann sage auch ich euch nicht, mit welchem Recht ich das tue.
>
> Markus 11, 27—33

Der Konflikt mit den jüdischen Autoritäten treibt seinem Höhepunkt zu. Hannas und seine Clique werden Jesus fassen, wo es kein Aufsehen gibt. Sie werden ihn nicht unter den Festpilgern herausgreifen und fesseln. Das weckt Widerstand. Das entfacht Emotionen. Andere Galiläer könnten zugunsten des Nazareners eingreifen. Darum „ja nicht am Fest, damit es im Volk keinen Aufruhr gibt!" (Mk 14, 2). Jesus muß heimlich verhaftet werden. Sicher wird sich früher oder später eine Möglichkeit bieten.

III. Die Verhaftung Jesu

1. Er ging über den Kedron . . .

Niemand kennt Jesu letzten Weg nach Getsemani. Den Leichtgläubigen wird auf dem christlichen Sion ein gotischer Raum als Saal des Letzten Abendmahls gezeigt. Dann steigen sie eine Steintreppe aus römischer Zeit ins Kedrontal hinunter. „Hier, auf diesen Stufen, ist Jesus nach dem Abendmahl zum Ölberg gegangen", sagt ihnen ein Führer, der es genau zu wissen scheint.

Sicher führt der Weg aus der Stadt zum Ölberg über das Kedrontal. Als deutlicher Einschnitt trennt es die Hügel, auf denen Tempel und Stadt erbaut sind, vom Ölberg. Johannes spricht vom „Bach Kedron". Doch wir dürfen uns kein fließendes Wasser vorstellen. Nur in der Regenzeit — und auch da nur für Stunden — verdient der Kedron den Namen „Bach". Meist zeigt er sich als „Wadi", als Trockental.

Jesu letzter Gang nach Getsemani

Drunten an der Ostseite des Tales stehen großartige Grabmäler. Sie tragen die Namen von Abschalom oder Josafat, Jakobus und Zacharias. Mit diesen Männern haben sie zwar nichts zu tun, aber sie verdienen unser Interesse. Diese Bauten sind älter als zweitausend Jahre. Vielleicht stammen sie aus der zweiten Hälfte des zweiten Jahrhunderts vor Christus. Jesus hat sie gesehen. Jesus kannte den kubischen Monolith, der da aus dem Fels herausgehauen, wie ein hellenistischer Tempel geschmückt und mit einer Pyramide gekrönt ist. Hinter einer Fassade mit dorischen Säulen sind Gräber in den Fels gehauen. Hier begrub die priesterliche Familie der Bene Hezir ihre Toten. Eine hebräische Inschrift in aramäischen Buchstaben erinnert an diesen Priesterklan, dessen Name zweimal im Alten Testament steht (1 Chr 24, 15; Neh 10, 21).

Einige Schritte nordwärts erhebt sich noch ein Denkmal, hinter dem sich Grabkammern öffnen. Der untere Teil wurde aus dem gewachsenen Fels gearbeitet, die spitz zulaufende „Mütze" ist aufgemauert. Irgendwer brachte dieses Bauwerk der hellenistischen Zeit mit Abschalom, dem Sohn Davids, in Zusammenhang. Anlaß war ein Bibelvers: „Schon zu seinen Lebzeiten hatte sich Abschalom den Denkstein setzen lassen, der im Königstal steht, denn er sagte sich: Ich habe keinen Sohn, in dem mein Name fortlebt. Er nannte den Stein nach seinem Namen; deshalb heißt er bis heute Abschalom-Stein" (2 Sam 18, 18).

Seite 56:
Blick vom Ölberg ins Kedrontal, auf die Altstadtmauer mit dem Goldenen Tor und den Tempelplatz

57

Treppenweg aus römischer
Zeit, der vom Westhügel
Jerusalems zum Kedrontal
hinunterführt.
Rechts:
Das nach Abschalom
benannte Grabmal
im Kedrontal.

Von hier unten aus reiht sich Grab an Grab den Ölberg hinauf. Juden verschiedener Zeit und Herkunft haben sich an diesem Hang begraben lassen. Am Oberlauf des Kedrontals wird die Auferstehung beginnen. Hier wird Gott richten. So will es gläubige Überlieferung. Daran erinnert der zweite Name des Tales: „Josafat — Gott richtet".

2. . . . hinaus zum Ölberg

Von der Stadt her gesehen, erscheint er als niederer Höhenrücken. Sein höchster Punkt liegt keine achtzig Meter über dem Tempelplatz. Seine 805 Meter Höhe werden von unseren deutschen Mittelgebirgen weit überboten. Und doch kennen Millionen Menschen seinen Namen. Die Erzählungen des Neuen Testaments haben ihn bekannt gemacht.

In alter Zeit bedeckten Ölbäume seine Abhänge. Die Olivengärten mußten teilweise Gebäuden weichen. Dennoch trägt der Berg auch heute noch seinen Namen zu Recht.

3. Getsemani: Auch sein Verräter kannte den Ort

Wo der Weg zum Ölberg aus dem Kedron ansteigt, liegt Getsemani. Mit diesem verstümmelten Begriff gibt der griechische Text der Evangelien nach Markus und Mattäus das hebräische „gat schemanim" wieder. Wir können ihn mit „Ölkelter" übersetzen. War Getsemani ein Flurname oder meint das Wort einen ganz bestimmten Garten, gar eine Grotte mit einer Ölkelter?

Ich vertraue der alten Überlieferung. Sie sieht in einer Felsgrotte links vom Ölbergweg den Ort, wo Jesus verhaftet wird. Diese natürliche Höhle am Fuß des Ölbergs diente damals landwirtschaftlichen Zwecken. Hier stand eine Olivenpresse. In einer Zisterne wurde Wasser gesammelt. Noch haben wir keine Spuren einer Verehrung durch die ersten Christen gefunden. Aber in byzantinischer Zeit, im vierten Jahrhundert also, war dieser unterirdische Raum eine Kultstätte. Mosaiken deckten den Boden. Hier machte die Prozession halt, die in der Nacht vom Gründonnerstag zum Karfreitag vom Ölberg herab nach Jerusalem zog. Die Pilgerin Egeria

— auch Ätheria genannt — beschreibt sie in ihrem Reisebericht. Sie hat ihn etwa um 385 verfaßt:

"Dann steigen sie unter Hymnengesang alle bis auf die kleinsten Kinder zu Fuß mit dem Bischof nach Getsemani hinab... Mehr als zweihundert Kirchenleuchter stehen bereit als Leuchte für alles Volk. Sobald man nun nach Getsemani gekommen ist, wird zuerst ein geeignetes Gebet gesprochen. Dann wird ein Hymnus gesungen, ebenso jene Stelle aus dem Evangelium gelesen, wo der Herr ergriffen wurde. Wenn diese Stelle gelesen ist, erhebt sich ein solches Klagen und Schreien des ganzen Volkes unter Tränen, daß man wohl weithin bis zur Stadt das Klagen hört." Am Fuß des Ölbergs, links vom Weg, der auf die Höhe führt, in einem Olivenhain mit einer Kelter in natürlicher Grotte durchlebt Jesus die Stunden vor seiner Festnahme.

4. ... er warf sich auf die Erde und betete

> Da ergriff ihn Furcht und Angst. Und er sagte zu ihnen: Meine Seele ist betrübt bis zum Tod. Bleibt hier und wacht! Und er ging ein Stück weiter, warf sich auf die Erde und betete: Abba, Vater, alles ist dir möglich. Nimm diesen Kelch von mir! Aber nicht, was ich will, sondern was du willst, soll geschehen.
>
> Markus 14, 33b—35a. 36

Unsere Evangelien verbinden Geschehen und Deutung. Oft ist beides untrennbar ineinander verschränkt. Das gilt auch von dieser Szene. Fragen wir nach ihrer Be-deutung.

Geschehen und Deutung sind unlösbar miteinander verbunden.

Die Erzählung vom Gebet Jesu steht als Überschrift über dem Weg nach Golgota. Dieser Jesus, der dann verhaftet und durch die Stadt geführt wird, den Pilatus verurteilt und die Legionäre ans Kreuz schlagen, hat sein Leiden freiwillig auf sich genommen. Er ist nicht passives Opfer. Aktiv unterwirft er sich dem, was er als seinen Auftrag weiß. Was in dieser Stunde geschieht, entspricht dem Willen des Vaters.

Die Prediger der jungen Kirche hörten die Texte des Alten Testaments ab. Redeten sie nicht von einem leidenden Gerechten? Hatte der Beter des Psalms 31 nicht die Situation des bedrohten und geretteten Jesus gleichsam vorweggenommen? Boten sich diese Verse nicht geradezu als Predigttext zum Leiden Jesu an?

**Seite 60:
Alter Ölbaum im Garten Getsemani**

> Herr, sei mir gnädig, denn mir ist angst;
>   vor Gram zerfallen mir Auge, Seele und Leib.
>   In Kummer schwindet mein Leben dahin...
>   Zum Spott geworden bin ich all meinen Feinden,
>   ein Hohn den Nachbarn, ein Schrecken den Freunden;

> wer mich auf der Straße sieht, der flieht vor mir . . .
> Sie tun sich gegen mich zusammen;
> sie sinnen darauf, mir das Leben zu rauben.
> Ich aber, Herr, ich vertraue dir,
> ich sage: „Du bist mein Gott".
> In deiner Hand liegt mein Geschick;
> entreiß mich der Hand meiner Feinde und Verfolger.
> Laß dein Angesicht leuchten über deinem Knecht,
> hilf mir in deiner Güte!
> Herr, laß mich nicht scheitern,
> denn ich rufe zu dir . . .
> Gepriesen sei der Herr, der wunderbar an mir gehandelt
> und mir seine Güte erwiesen hat
> zur Zeit der Bedrängnis.
> Ich aber dachte in meiner Angst:
> Ich bin aus deiner Nähe verstoßen.
> Doch du hast mein lautes Flehen gehört,
> als ich zu dir um Hilfe rief.
>
> Aus Psalm 31

Der hier zu Gott aufschreit, ist bereits erhört. Hinter unserer Erzählung steht jene Gewißheit, die später der Hebräerbrief seinen Lesern verkündet:

Den gleichen Grundgedanken verdichtet Johannes 12, 27-28 zu einer Erzählung.

> Als er auf Erden lebte, hat er Gebete und Bittrufe mit lautem Schreien und mit Tränen vor den getragen, der ihn aus dem Tode retten konnte, und ist seiner Ehrfurcht wegen erhört worden.
>
> Hebräerbrief 5, 7

Was die Epistel in einen Satz drängt, faßt die Szene vom Gebetskampf Jesu ins Bild. Sie macht ein Doppeltes anschaulich und erlebbar:

1. Ehe die Häscher ausziehen, weiß Jesus um das Kommende. Er könnte fliehen. Minuten hinter der Ölbergkuppe beginnt bereits die Wüste. Ihre Höhlen und Schluchten bieten Schutz. Doch Jesus ist zum Leiden bereit. Freiwillig tritt er den Kreuzweg an.

2. Jesus geht seinen Weg in völliger Einheit mit dem Willen Gottes. Er ist vom Vater erhört und angenommen.

Dem Geheimnis des Gebetskampfes, der Agonie Jesu erbaute Kaiser Theodosius gegen Ende des vierten Jahrhunderts eine prächtige Kirche. Vor der Mittelapside war der bloße Fels zu sehen. An dieser Stelle vergegenwärtigten sich die Gläubigen den nächtlich betenden Jesus. Ihre Sinne brauchten einen Ort für jene tiefe Szene. Heute steht an der gleichen Stelle die Kirche der Nationen. Dort sah ich einmal einen amerikanischen

Neger mit ausgebreiteten Armen beten. Er kniete auf dem Fels vor dem Altar. Das Leiden Jesu schien ihm gegenwärtig zu sein. Der Beter hat noch andere Zugänge, oft auch wesentlich kürzere, als der Historiker.

5. Da ergriffen sie ihn . . .

Zu nächtlicher Stunde wird Jesus am Fuße des Ölbergs verhaftet. Die ihn festnehmen, kommen „im Auftrag der Hohenpriester, Schriftgelehrten und Ältesten". So schreibt Markus. Er hat darin recht, daß hier nicht die römische Besatzungsmacht handelt. Aber wer hat den Haftbefehl ausgestellt? Der ganze Hohe Rat? Ist nicht die Familie der Hohenpriester Hannas und Kajafas treibende Kraft?

Erinnern wir uns zunächst an zwei Dinge: Kein Dokument jüdischer und heidnischer Behörde hält das Geschehen dieser Tage fest. Die kirchlichen Erzähler wollen und können keinen unbeteiligten Bericht geben. Sie erzählen eine Geschichte, in der sie deuten und werten. Sie bewegt der Verrat des Judas. Aus dem Text des Markus klingt deutliches Urteil, schreit Entsetzen über schändliche Tat: ausgerechnet „einer der Zwölf" (14, 43). Die junge Kirche will nicht einfach die Flucht der Jünger konstatieren. Deren Handeln und Jesu Leiden sind für sie zusammengebunden in der Klage des Psalms 38:

> Freunde und Gefährten bleiben mir fern
> in meinem Unglück,
> und meine Nächsten meiden mich.

> Die mir nach dem Leben trachten,
> legen mir Schlingen;
> die mein Unheil suchen, planen Verderben,
> den ganzen Tag haben sie Arglist im Sinn.
>
> Psalm 38, 12 f

Markus 14, 43-52 gehört zur Gattung „Geschichtserzählung".

Die vorliegende Geschichtserzählung läßt viele unserer Fragen unbeantwortet. Wird Jesus gleich nach dem Kuß des Judas festgenommen? Wer zieht hier eigentlich das Schwert und trifft den Knecht des Hohenpriesters? Wer sind denn jene, „die dabeistanden"? Wann fliehen die Jünger? Ist es denkbar, daß sie wie auf Kommando türmen, als Jesus ausgeredet hat?

Versuchen Sie den Text einmal ganz bewußt zu lesen. Hören Sie gleichsam hinter die Worte. Achten Sie auf die beiden Schwerpunkte: den Verrat des einen Jüngers und das Versagen der andern. Einprägsam zeichnet Markus im Bild des unbekleidet fliehenden Jünglings die angstvolle, hastige Flucht der Jünger, die wenigstens ihr nacktes Leben retten wollen.

Fragen Sie, was auch auf den Hörer und Leser hin gesagt ist. Das Evangelium spricht zu Christen, die bereits die Verfolgung unter Nero erlebt oder von ihr erfahren haben. Sie werden hier aufgerufen, den Weg Jesu nachzugehen. Dieser Ruf zu Glauben, Ausharren und Nachfolge durchzieht übrigens wie ein roter Faden das ganze Markusevangelium.

Nebenbei bemerkt

An einem Beispiel wenigstens möchte ich zeigen, wie Markus die gefährdete Gemeinde in die Nachfolge ruft. Vielleicht staunen Sie, daß ich dazu die Erzählung von der Heilung des blinden Bartimäus wähle:

> Sie kamen nach Jericho. Als er mit seinen Jüngern und einer großen Menge Jericho wieder verließ, saß an der Straße ein blinder Bettler, Bartimäus, der Sohn des Timäus. Wie er hörte, daß es Jesus von Nazaret sei, rief er laut: Sohn Davids, Jesus, hab Erbarmen mit mir! Viele wurden ärgerlich und befahlen ihm zu schweigen. Er aber schrie noch viel lauter: Sohn Davids, hab Erbarmen mit mir! Jesus blieb stehen und sagte: Ruft ihn her!
> Sie riefen den Blinden und sagten zu ihm: Hab keine Angst, steh auf, er ruft dich! Da warf er seinen Mantel ab, sprang auf und ging zu Jesus. Und Jesus sagte zu ihm: Was soll ich für dich tun? Der Blinde antwortete: Rabbuni, ich möchte wieder sehen können.

Jesus sagte zu ihm: Geh! Dein Glaube hat dich geheilt. Im gleichen Augenblick konnte er wieder sehen, und er folgte ihm auf seinem Weg. Markus 10, 46—52

Da wird nicht einfach eine Begebenheit berichtet, die sich vor langer Zeit an den Mauern Jerichos zugetragen hat. Nein! Markus will viel mehr und Wichtigeres sagen. Das entscheidende Stichwort fällt im letzten Halbsatz: „Weg". Jesus ist auf dem Weg nach Jerusalem, auf dem Weg zum Kreuz. Immer wieder mußte er erfahren, daß seine Freunde wie Blinde waren. Ihnen hatte die Frage gegolten: Begreift und versteht ihr immer noch nicht? Ist denn euer Herz verblendet? Habt ihr Augen und seht nicht? (Mk 8, 18) Bartimäus wird zum Gegenbild. Da werden einem die Augen geöffnet. Er sieht und folgt Jesus auf seinem Weg.

Sie haben längst selbst gemerkt, daß sich der Evangelist wieder an seine Hörer wendet. Sie sollen in dieser schweren Zeit sehen, daß Jesus sich als leidender und sterbender Menschensohn geoffenbart hat. An ihm sollen sie den Weg, ihren eigenen Heilsweg erkennen.

Ein weiterer wichtiger Hinweis für den Leser steckt in dieser Geschichtserzählung. In dem Sätzlein „Die Schrift muß in Erfüllung gehen" erhalten wir eine Sinndeutung der ganzen Passion.

Eine Geschichtserzählung deutet das Geschehen.

Während er noch redete, kam Judas, einer der Zwölf, und mit ihm eine Schar von Männern, die Schwerter und Knüppel trugen; sie waren im Auftrag der Hohenpriester, Schriftgelehrten und Ältesten gekommen. Der Verräter hatte mit ihnen ein Zeichen verabredet und gesagt: Der, den ich küssen werde, ist es. Nehmt ihn fest, führt ihn ab und laßt ihn nicht entkommen. Und als er kam, ging er sogleich auf ihn zu und sagte: Rabbi! Und er küßte ihn. Da ergriffen sie ihn und nahmen ihn fest. Doch einer von denen, die dabeistanden, zog das Schwert, schlug auf den Knecht des Hohenpriesters ein und hieb ihm ein Ohr ab. Da sagte Jesus zu ihnen: Mit Schwertern und Knüppeln seid ihr ausgezogen, um mich wie einen Räuber gefangenzunehmen. Tag für Tag war ich bei euch im Tempel, und ihr habt mich nicht festgenommen; aber die Schrift muß in Erfüllung gehen. Da verließen ihn alle und flohen. Ein junger Mann, der nur ein leinenes Tuch um den Körper trug, wollte ihm nachgehen. Da packten sie ihn, er aber ließ das Tuch zurück und entfloh nackt.

Markus 14, 43—52

Das Goldene Tor in der Ostmauer des Tempelplatzes

Hinter dieser Erzählung stehen Tatsachen, die wir festhalten wollen: Jesus wird heimlich und nächtens in Getsemani festgenommen. Judas weist einem jüdischen Kommando den Weg. Bei einem Tumult zieht einer der Beteiligten das Schwert. Jesus allein wird abgeführt.

Der Weg zur Stadt führt zurück über den Kedron, vorbei an der Ostmauer des Tempelplatzes. In den Höfen um das Heiligtum herrscht Ruhe. Bald werden die Händler wieder schreien und die Geldwechsler ihre Geschäfte machen. Der Trompeter wird auf den Turm steigen und ins Schofar blasen. Und morgen werden sie die Osterlämmer schlachten. Wie jedes Jahr.

IV. Die Ankläger Jesu

1. Hannas: Patriarch und graue Eminenz

Er hatte auf die Absetzung des Ethnarchen Archelaos gedrängt. Er plädierte für die Übernahme der Herrschaft durch die Römer. Dem Glaubensbekenntnis und seiner Haltung nach ist Hannas Sadduzäer. Er gehört zu einer kleinen Gruppe im Judentum, aber sein Einfluß ist groß. Er hat sich ein Vermögen geschaffen und wird es bald weiter ausbauen können. Im Jahr 6 nach Christus ernennt ihn Quirinius, den wir aus dem Weihnachtsevangelium kennen, zum Hohenpriester. Seine Römerfreundlichkeit hatte sich gelohnt. Von jetzt an kann er seine Beziehungen noch besser spielen lassen. Freunde und Feinde werden ihn als klugen Taktiker kennenlernen.

Er baut seine Hausmacht auf. Er begründet einen hohenpriesterlichen Clan.

> Dieser ältere Ananos (griechische Form von Hannas!) soll einer der glücklichsten Menschen gewesen sein. Er hatte nämlich fünf Söhne. Sie dienten alle dem Herrn als Hohepriester, nachdem auch er selbst lange Zeit hindurch diese Würde bekleidet hatte.
>
> Flavius Josephus, Jüdische Altertümer 20, 9, 1

Sicher besetzt Hannas die Oberpriesterstellen im Tempel — die Ämter des Tempelhauptmanns, der Tempelaufseher und des Schatzmeisters — mit seinen Verwandten. Er ist wohl am Handel mit Opfervieh auf dem Tempelplatz und am Aufgeld der Wechsler beteiligt.

Im Jahr 15 setzt ihn der Prokurator Valerius Gratus ab. Drei Jahre später folgt ihm sein Schwiegersohn Kajafas als Hoherpriester. Der Alte zieht sich nicht zurück. Ohne formelle Ernennung wird er zum „Ehrenpräsidenten" des Sanhedrin, des Hohen Rats. Ohne ihn wird keine wichtige Frage entschieden. Sein Urteil hat Gewicht. Alle Fäden jüdischer Politik und religiöser Institution laufen in seiner Hand zusammen. Nicht zufällig datiert Lukas das Auftreten des Täufers nach „den Hohenpriestern Hannas und Kajafas" (3, 2). Kajafas ist von seinem Schwiegervater Hannas abhängig. An den eigentlichen Drahtzieher im Hintergrund der Passion Jesu erinnert Johannes. Nach ihm wird Jesus von Getsemani zunächst in das Haus des Hannas geführt:

Eine entscheidende Gestalt am Leidensweg Jesu

Der Hohepriester fragte Jesus nach seinen Jüngern und nach seiner Lehre. Jesus antwortete ihm: Ich habe öffentlich zur Welt gesprochen; ich habe immer in Synagogen und im Tempel gelehrt, wo alle Juden zusammenkommen; im geheimen habe ich nichts gesprochen. Warum fragst du mich? Frag doch jene, die gehört haben, was ich zu ihnen gesprochen habe. Als er dies sagte, schlug ein Diener, der dabeistand, Jesus ins Gesicht und sprach: Antwortest du so einem Hohenpriester? Jesus entgegnete ihm: Wenn es nicht recht war, was ich gesagt, weise das Unrecht nach; war es aber recht, warum schlägst du mich? Darauf schickte ihn Hannas gefesselt zum Hohenpriester Kajafas.

Johannes 18, 19—24

Hannas stirbt im Jahr 35. Er wird in einem großartigen Felsengrab beigesetzt. Seine Söhne können sich jeweils nur kurz auf dem Stuhl des Hohenpriesters halten. Aber auch ihr Einfluß reicht weit über ihre Amtszeit hinaus. Einer dieser Söhne, Ananos der Jüngere, läßt im Jahr 62 den Herrenbruder Jakobus steinigen.

2. Josef Kajafas: Hoherpriester

Josef stammt aus einer Priesterfamilie. Er heiratet eine Tochter des Hohenpriesters Hannas. Damit verbindet er sich einem machtvollen Clan. Diese Großfamilie macht ihre eigene Politik, hat nur *eine* Meinung. Was gut oder böse ist, entscheidet der Familienrat. In ihm ist Hannas unbestrittenes Haupt. Sonst sind die Glieder des Clan fast austauschbar. Wer das entsprechende Amt hat, vertritt die gemeinsame Politik nach außen.

Im Jahr 18 nach Christus ernennt der Prokurator Valerius Gratus Josef zum Hohenpriester. Er sollte unter seinem Beinamen Kajafas bekannt werden. Er wacht als Erster über das Gesetz. Er vertritt die religiöse Institution. Er ist der oberste Liturge am Tempel.

Versteht sich Kajafas als Großinquisitor?

Das Gesetz regelt das Leben des Juden bis in die kleinsten Einzelheiten. An ihm läßt sich messen, ob einer gut oder bös, ein braver Jude, ein Abweichler oder gar ein gefährlicher Radikaler ist. Kajafas hält ein ausgezeichnetes Machtinstrument in seiner Hand.

Aber muß es nicht zerbrechen, wenn einer kommt und die Menschen lehrt, auf Gottes Willen zu hören? Was dieser Johannes am Jordan den Scharen sagt, läßt sich nicht mehr kontrollieren. Woher soll Kajafas wissen, ob er es mit Frommen oder mit Gesetzesbrechern zu tun hat? Zudem wird hier die Institution gefährdet. Sie ist wichtiger als der einzelne. Kajafas kann gar nicht anders denken. Schon der Clan, in dem er lebt, ist machtvolle Institution und dem einzelnen übergeordnet.

Ausgerechnet in seiner Zeit tritt der Nazarener auf, der selbst aus seinem Clan ausgebrochen ist:

Jesus ging in ein Haus, und wieder kamen so viele Menschen zusammen, daß er und die Jünger nicht einmal mehr essen konnten. Als seine Angehörigen das erfuhren, brachen sie auf, um ihn zurückzuholen; denn sie sagten: Er ist von Sinnen! Da kamen seine Mutter und seine Brüder; sie blieben draußen stehen und ließen ihn herausrufen. Viele Leute saßen um ihn herum, und man sagte zu ihm: Deine Mutter und deine Brüder stehen draußen und wollen dich sehen. Er antwortete ihnen: Wer sind meine Mutter und meine Brüder? Und er blickte auf die Menschen, die im Kreis um ihn herumsaßen, und sagte: Das sind meine Mutter und meine Brüder. Wer nach dem Willen Gottes handelt, der ist für mich Bruder, Schwester und Mutter.

Markus 3, 20 f. 31—35

Zwischen dem Zionstor unten rechts und der Dormitiokirche graben Archäologen nach dem „Haus des Kajafas".

Jesus beruft sich auf Gott. Ihn sollen die Menschen hören. Sein Wille allein ist Maßstab des Handelns.

Er stellt den Menschen über das Gesetz. Und er redet gegen den Tempel. „Er zerstört die Ordnung, die wir in diesen unruhigen Zeiten brauchen. Er macht die Menschen unsicher. Er greift uns selbst an. Hier gibt es nur ein klares Entweder-Oder. Gesetz und Tempel sind von Gott. Also ist Gott mit uns. In seinem Namen müssen wir eingreifen. Seine Ehre wollen wir retten, die über Zion strahlt." So muß Kajafas denken. Und so handelt er.

Kajafas verantwortet die Innenpolitik im jüdischen Staat. Er führt den Vorsitz in der Landessynode, im Hohen Rat. Von Amts wegen ist er damit auch oberster Richter. Als Sadduzäer urteilt er härter und liebloser als andere Juden. Er vertritt das Volk Judäas beim römischen Prokurator. Im Namen dieses Volkes wird er Jesus dem römischen Richter überstellen. Vor ihm und der priesterlichen Aristokratie müssen sich später Petrus und Johannes verantworten:

Während Petrus und Johannes zum Volk redeten, traten die Priester, der Tempelhauptmann und die Sadduzäer zu ihnen. Sie waren aufgebracht, weil sie das Volk lehrten und in Jesus die Auferstehung der Toten verkündeten. Sie nahmen sie fest und hielten sie bis zum nächsten Morgen in Haft. Es war nämlich schon Abend ...
Am andern Morgen versammelten sich die Führer, die Ältesten und die Schriftgelehrten in Jerusalem, dazu Hannas, der Hohepriester, Kajafas, Johannes, Alexander und alle, die aus dem Geschlecht der Hohenpriester stammten. Sie stellten die beiden in die Mitte und verhörten sie.

Apostelgeschichte 4, 1—7

Wie Pontius Pilatus wird auch Kajafas von Vitellius, dem römischen Legaten in Syrien, abgesetzt. Im Jahr 37 nach Christus folgt ihm sein Schwager, der Hannassohn Jonatan. Warum Kajafas sein Amt verloren hat, wissen wir nicht. Sein Name bleibt mit Prozeß und Sterben Jesu verbunden. Er ist schuldig geworden wie viele, die nach ihm die Gesetze eines religiösen Systems über den Menschen stellten. Er hat sich getäuscht wie alle, die das Böse nur beim andern sehen und in „heiligem Eifer" bekämpfen.

Schuldig am Tod Jesu

3. Sie führten Jesus zum Hohenpriester

Uralte Überlieferung sucht das Haus des Kajafas vor der Mauer der heutigen Altstadt Jerusalems, zwischen Dormitiokirche und Zionstor. Hier oben stehen zur Zeit des Herodes und bis zum ersten jüdischen Aufstand gegen Rom (66—70 n. Chr.) die Villen der Reichen und Vornehmen. Hier leben etwa Agrippa, Berenike und der Hohepriester Ananias. Wie die radikalen Aufständischen im Jahr 66 nach Christus die obere Stadt erobern, „stecken sie das Haus des Hohenpriesters Ananias sowie die Paläste des Agrippa und der Berenike in Brand". So berichtet Flavius Josephus[1].

Von einigen dieser Gebäude stehen noch Räume bis in Dachhöhe. Überwölbte Zisternen, Wasserbecken und Bäder erinnern an reiche Bewohner. Manches Haus dürfte herrlich ausgemalt gewesen sein. Darauf weisen noch Freskoreste, welche die Ausgräber gefunden haben. Wir stehen sicher in einem Viertel wohlhabender Leute. Einige von ihnen haben sich sogar über das Bilderverbot ihrer jüdischen Religion hinweggesetzt und Vögel an die Wände malen lassen.

Der Weg vom Kedrontal steigt stetig bis zu diesen Gebäuden. Hier herauf führt die Wachmannschaft den gefesselten Jesus. Der Clan des Hannas wartet gespannt, ob die Verhaftung gelungen ist. Im Haus des Hohenpriesters haben sich auch seine Parteigänger vom Sanhedrin eingefunden. Sie wollen Jesus sehen, ihren Erfolg genießen, einen Sieg feiern. Ihr Plan steht fest. So wird er auch durchgeführt: Sie verhören Jesus. Vielleicht liefert seine eigene Aussage noch einen besseren Anklagepunkt für die Verhandlung vor Pilatus. Morgen früh werden sie ihn zum Prätorium bringen und eine handfeste Klage vorbringen. Sollen sie überhaupt noch prüfen, ob die Klage auf Leben und Tod gerechtfertigt ist? Gibt es nicht genug Anlässe, diesen Jesus zu verurteilen? Hat er sich nicht über den Sabbat gestellt, über das Gesetz und den Tempel? Ist er nicht mit einem Anspruch aufgetreten, der unerträglich und beleidigend ist?

Die Weichen sind gestellt. Im Grund ist alles entschieden, ehe Jesus das Haus auf dem Westhügel betritt. Was jetzt und in der Morgenstunde folgt, ist mehr eine Formsache. Der Hohe Rat wird Jesus verhören. Auf Vorschlag des Hohenpriesters geht die Sache so rasch wie irgend möglich an den Prokurator. Sie haben keine Zeit zu verlieren, denn Ostern ist nahe.

4. Ich kenne diesen Menschen nicht

Am Osthang des christlichen Zion, jenes Hügels, wo Davidsgrab, Abendmahlssaal und Heimgang Mariens verehrt werden, steht heute die Kirche Sankt Peter zum Hahnenschrei. Sie erinnert an ein Geschehen jener Nacht, die Jesus als Gefangener des Hannas-Clans durchwacht:

Petrus sitzt im Hof des hohenpriesterlichen Hauses bei den Dienern und wärmt sich am Feuer. Eine Magd des Hohenpriesters sieht ihn und sagt: Auch du warst bei dem Nazarener, diesem Jesu da. Aber er streitet es ab: Ich weiß und verstehe nicht, wovon du redest. Darauf geht er vorsichtshalber in den Vorhof hinaus. Er zieht sich etwas weiter zurück. Doch die Magd bemerkt ihn auch dort. Jetzt sagt sie zu denen, die dabeistehen: Der gehört auch zu ihnen. Petrus leugnet erneut. Wenig später verdächtigen ihn dann andere Leute: Du gehörst wirklich zu ihnen; du bist doch auch ein Galiläer. Petrus verwünscht sich und schwört: Ich kenne diesen Menschen nicht, von dem ihr da sprecht. Kaum hat er ausgeredet, da kräht der Hahn zum zweitenmal. Petrus erinnert sich, daß Jesus zu ihm gesagt hat: Ehe der Hahn zweimal kräht, wirst du mich dreimal verleugnen. Er geht rasch nach draußen und beginnt zu weinen.

71

Petrus verleugnet seinen
Meister. Detail aus der
Holztüre von Santa Sabina
in Rom

Hinter der Erzählung, die Markus 14, 66—72 bietet, steht wirkliches Geschehen: Petrus, der Erste der Apostel, hat seinen Meister verleugnet. Niemand hätte dem Kefas, dem Fels, so etwas grundlos angedichtet. Doch auch diesmal wird nicht einfach eine Tatsache berichtet. Auch diesmal deutet Markus. Er sagt einige Verse zuvor: „Petrus aber war ihnen von weitem bis in den Hof des Hohenpriesters gefolgt." — Dieser Satz ist doppelbödig. Was äußerlich geschieht, ist klar: Petrus hält Abstand von der Truppe, die Jesus abführt. Doch Markus meint auch: Petrus folgt seinem Meister nicht richtig. So kann das Nachfolgen eines Jüngers nicht aussehen. Er ist ja nicht zum ängstlichen Nachschleichen gerufen. Wie anders sieht da die Nachfolge des geheilten Bartimäus aus. Ohne langes Besinnen „folgte er ihm auf seinem Wege" (Mk 10, 52).

Und noch eines: Die Geschichte spricht in eine ganz bestimmte Situation. Die Mitglieder der kleinen Christengemeinde werden angesprochen wegen ihres Glaubens: Auch du gehörst zu ihnen. Da und dort werden sie verdächtigt und angezeigt: In meiner Straße wohnt auch so ein Galiläer. In solcher Situation hat nicht jeder die Kraft durchzuhalten. Mancher will lieber in Ruhe gelassen werden, zieht sich zurück, gibt seinen neuen Glauben auf: Ich kenne diesen Menschen nicht. Ich weiß nicht, von wem ihr redet. Sie sollen wissen: Auch Petrus hat seine Bekanntschaft mit Jesus abgestritten und dann den Weg zurück gefunden. Unsere Erzählung will die Gefallenen mahnen und zurückrufen. Die anderen werden auf die Gefahr hingewiesen. Sie sollen nicht allzu selbstsicher sein. Wo es gefordert ist, sind sie zu mutigem Bekenntnis gerufen.

5. Der Hohe Rat

Die aristokratische Behörde des Hohen Rats wurde in persischer Zeit geschaffen. Priester und Älteste waren seine Mitglieder. Den Vorsitz führte der Hohepriester. Unter Königin Alexandra (76—67 v. Chr.) ziehen auch pharisäische Schriftgelehrte in dieses Gremium ein.

Von da an sind im Hohen Rat drei Gruppen vertreten: die sadduzäisch gesinnte priesterliche Aristokratie mit den Oberpriestern des Tempels; die Vertreter der einflußreichen Laiengeschlechter und schließlich die pharisäische Fraktion, stark genug, um mißliebige Entschlüsse zu verhindern.

Geschichte, Funktion und Sitz der obersten jüdischen Verwaltungsbehörde

Den Namen Synedrium für diese Behörde gebraucht erstmals der römische Statthalter in Syrien, Gabinius (57—55 v. Chr.). Dieses griechische Wort für „Ratsversammlung" kommt als Lehnwort ins Hebräische. Es mutet fast wie ein Treppenwitz an: Jahrzehnte lang hatten die Makkabäer gegen jeden hellenistischen Einfluß gekämpft. Jetzt nennt sich die oberste jüdische Behörde nach griechischem Vorbild „Sanhedrin".

Der „Gerichtshof der Einundsiebzig" tagte in der Quaderhalle „vom ständigen Morgenopfer bis zum ständigen Abendopfer, an Sabbat- und Feiertagen saßen sie im Umgang". So belehrt uns eine Stelle im Talmud, Sanhedrin 88 b. Der oberste Gerichtshof mit seinen 71 Mitgliedern tagte also den ganzen Tag über. Nur am Sabbat und an den Festen fanden keine öffentlichen Gerichtssitzungen statt. Die Ratsherren waren dann außerhalb des Gerichtsgebäudes, „im Umgang", anzutreffen.

Wo sich der Hohe Rat zur Zeit Jesu versammelte, ist nicht recht klar. Die in der Mischna genannte Quaderhalle — hebräisch: lichkat hagazzit — lag auf dem Tempelberg, im Vorhof der Priester, südwestlich vom Heiligtum. Flavius Josephus weist auf das Rathaus nahe der heutigen Klagemauer in der Senke des Jerusalemer Stadttales. Seinen Andeutungen folgen auch die „Erbauer" des Jerusalem-Modells, das im Garten des Holyland-Hotels in West-Jerusalem zahlreichen Besuchern einen Überblick über die Heilige Stadt zur Zeit des zweiten Tempels gibt. Übrigens deutet auch Lukas die „tiefe Lage" des Versammlungsraumes an: „Der Oberst ließ Paulus am nächsten Tag aus dem Gefängnis holen und befahl, die Hohenpriester und der ganze Hohe Rat sollen sich versammeln. Und

Zur „Mischna" vergleichen Sie bitte Seite 149.

er ließ den Paulus hinunterführen und ihnen gegenüberstellen" (Apg 22, 30).

Zuständig war der Hohe Rat für weltliche und geistliche Angelegenheiten der jüdischen Bevölkerung. In religiösen Fragen konnte er allein entscheiden. Für Verwaltung und Rechtspflege hatte er weitgehende Vollmacht. Er konnte zu gewissen Zeiten auch Kapitalprozesse führen, Todesurteile verhängen und vollstrecken lassen.

Als Herodes noch Gouverneur Galiläas war, zitierte ihn der Hohe Rat. Der junge Befehlshaber hatte den „Räuberhauptmann" Ezechias und seine Mannen ohne Todesurteil des Sanhedrin umbringen lassen.

Herodes kam nun auch; sein Vater hatte ihm geraten, er solle nicht wie ein Privatmann, sondern mit Leibwache und Bedeckung zu Hyrkanus gehen . . . Herodes stellte sich mit seiner Schutztruppe dem Synedrium. Alle bekamen es mit der Angst zu tun. Keiner seiner Ankläger, die ihn vorher geschmäht hatten, wußte etwas vorzubringen. Es herrschte tiefes Schweigen. In dieser Situation stand Sameas auf. Er war gerecht und kannte deshalb keine Angst. Er sagte: König und ihr Richter, ich selbst habe noch nie einen Menschen gesehen, der so als Angeklagter vor euch aufzutreten gewagt hätte. Auch glaube ich nicht, daß ihr mir so einen benennen könnt. Wer sonst vor den Gerichtshof des Hohen Rats trat, erschien demütig und zaghaft, als ob er unser Mitleid heische, mit lang herabhängendem Haar und im schwarzen Gewand. Unser Freund Herodes aber, des Mordes beschuldigt und eines so schweren Verbrechens angeklagt, steht da im Purpur, die Haare geschniegelt, von Bewaffneten umgeben, um uns, wenn wir ihn dem Gesetz gemäß verurteilen, niederzumachen und alles Recht zu verhöhnen. Doch ich will dem Herodes nicht vorwerfen, daß er mehr auf seinen Vorteil als auf die Gesetze achtet. Aber euch und den König (Hyrkanus) muß ich tadeln, daß ihr euch so etwas gefallen laßt.

Flavius Josephus, Jüdische Altertümer 14, 9, 4

Der Bericht zeigt uns eine streng patriarchalische Behörde. Sie erwartet, daß ein Angeklagter ihr unterwürfig begegnet.

Die genaue Prozeßordnung der Zeit Jesu kennen wir nicht. Das sadduzäische Recht war strenger als das später aufgezeichnete pharisäische. Dennoch können wir von dort einige Bestimmungen ableiten:

---

1. Der Sanhedrin verhandelte nur am Tage. Er kennt keine Nachtsitzungen.

2. Am Sabbat, an Feiertagen und auch an den Rüsttagen finden keine Sitzungen statt.

Der Bericht vom Verhör
vor dem Hohen Rat
paßt nicht zur überlieferten
Prozeßordnung.

3. Ein Todesurteil wird niemals am ersten Verhandlungstag gefällt, sondern erst am Tag danach: „Geldsachen beendet man am selben Tag durch Freispruch oder Schuldspruch. Kapital-sachen beendet man an demselben Tag durch Freispruch, aber erst am folgenden durch Schuldspruch" (Traktat Sanhedrin IV 1).

4. Bei einem Kapitalprozeß gibt das jüngste Mitglied zuerst seine Stimme ab.

5. Ein Todesurteil erfordert 23 Richter. „Wenn 22 freisprechen oder schuldig sprechen und einer enthält sich der Stimme, dann vermehrt man die Zahl der Richter" (Traktat Sanhedrin V 5).

Der letzte Punkt stellt uns vor die oft verhandelte Frage, ob der Sanhedrin zur Zeit der römischen Besatzung ein Todesurteil fällen konnte.

Ohne Zweifel hat er es getan! Aber gerade ein solcher Fall macht uns die Rechtslage etwas klarer. Der Statthalter Festus war gestorben. Rom schickt als Nachfolger den Albinus (62—64 n. Chr.). Die Zeit, da der Statt-halterposten verwaist war, nützt Ananos der Jüngere, Sohn des Hannas und seit kurzem Hoherpriester, zu einem Prozeß:

Sein Gemüt war heftig und verwegen. Er gehörte zur Sekte der Sadduzäer, die . . . im Richten härter und liebloser sind als alle anderen Juden. Auch jetzt meinte Ananos, seine Hartherzigkeit befriedigen zu können. Die Gelegenheit schien ihm günstig: Festus war gestorben und Albinus noch nicht angekommen. Er berief eine Sitzung des Hohen Rates ein und stellte den Bruder des Jesus, der Christus genannt wird, namens Jakobus, sowie noch einige andere vor dieses Gericht, klagte sie der Gesetzes-übertretung an und ließ sie zur Steinigung führen. Das erbitterte sogar die eifrigsten Beobachter des Gesetzes. Deshalb schickten sie heimlich Abgesandte an den König (Herodes Agrippa II., der damals das Recht hatte, den Hohenpriester zu ernennen) und baten ihn, Ananos schriftlich aufzufordern, sich künftig nichts Ähnliches mehr einfallen zu lassen; auch sei er in diesem Fall völlig im Unrecht gewesen. Einige von ihnen zogen sogar dem Albinus entgegen, der gerade von Alexandria kam. Sie erklärten ihm, Ananos habe ohne seine Genehmigung den Hohen Rat gar nicht zum Gericht berufen dürfen. Albinus stimmte ihren Aus-führungen zu. Im höchsten Zorn schrieb er dem Ananos einen Brief und drohte ihm die gebührende Strafe an. Agrippa entsetzte ihn wegen des Vorfalls schon nach dreimonatiger Amtsführung seiner Würde und ernannte Jesus, des Damnäus Sohn, zum Hohenpriester.

Flavius Josephus, Jüdische Altertümer 20, 9, 1

75

Eines läßt sich daraus ganz sicher folgern: Der Hohe Rat durfte ohne Genehmigung des Statthalters keinen Kapitalprozeß führen. Er konnte alle Angelegenheiten ordnen, die die einheimische Bevölkerung betrafen. Ein Todesurteil zu fällen oder zu vollstrecken, war ihm verwehrt. Wir wissen zwar aus der Provinz Kyrene, daß der Statthalter allein oder durch ein Geschworenengericht Recht sprechen durfte, in Judäa war das anscheinend anders. „Uns ist es nicht erlaubt, jemand hinzurichten" (Joh 18, 31). Mit diesem Wort der Juden vor Pilatus ist die Rechtslage richtig gezeichnet. Seit Amtsantritt des ersten Statthalters beansprucht der oberste römische Beamte allein die „Gewalt bis zum Töten". Die Situation ändert sich in den Jahren 41 bis 44, wo diese Vollmacht beim König Agrippa I. liegt; dann wieder im Herbst 66. Für diese Zeit berichtet die jüdische Fastenrolle aus dem ersten Jahrhundert nach Christus: Am 1. Älul zogen die Römer aus Jerusalem ab und am 22. Älul begannen die Juden wieder, Schwerverbrecher hinzurichten.

6. Jesus vor dem Hohen Rat

Was erlebt Jesus in den Stunden nach seiner Festnahme? So könnten wir einen Augenzeugen fragen. Doch wir kennen keinen. Vor uns liegen die Erzählungen der vier Evangelien. Ihre Aussagen über die Szene vor dem Hohen Rat passen nicht zueinander. Sie widersprechen sich. Fragen wir uns durch!

Der erste Evangelist schreibt vierzig Jahre nach Jesu Tod. In den vielen Jahren wurden die letzten Tage Jesu in Jerusalem oft erinnert und gedeutet. Bald hat sich eine zusammenhängende Passionsgeschichte herausgebildet. Sie erzählt auch über das Verhör vor dem Hohen Rat[2]:

Die Hohenpriester und der ganze Hohe Rat suchten nach einer Aussage gegen Jesus, um ihn zum Tod verurteilen zu können, fanden aber nichts. Viele machten zwar falsche Aussagen über ihn, aber die Aussagen stimmten nicht überein.
Da stand der Hohepriester auf, trat in die Mitte und fragte Jesus: Antwortest du nichts auf das, was diese gegen dich vorbringen? Er aber schwieg und gab keine Antwort. Nochmals wandte sich der Hohepriester an ihn und fragte: Bist du der Messias, der Sohn des Hochgelobten? Jesus sagte: Ich bin es.
Da zerriß der Hohepriester sein Gewand und rief: Was brauchen wir jetzt noch Zeugen? Ihr habt die Gotteslästerung gehört. Was ist eure Meinung? Und sie fällten alle das Urteil, er sei des Todes schuldig. Und einige spuckten ihn an, verhüllten sein Gesicht, schlugen mit Fäusten auf ihn ein und sagten: Zeig, daß du ein Prophet bist. Auch die Diener schlugen ihn.

Übung

Vergleichen Sie unsere Kurzfassung mit dem Text von
Mk 14, 53—64.

1. Welche Sätze sind weggelassen?

2. Welche Gründe könnten dafür sprechen, daß diese Sätze erst
   von Markus in den Text eingefügt worden sind?

Aus diesen Sätzen hören wir die Predigt der jungen Kirche. Sie bekennt: Jesus ist als Messias verurteilt worden. Sie deutet das Geschehen mit Texten aus dem Alten Testament.

Auf unsere Frage, was in jener Nacht geschah, antwortet zuerst Psalm 27. Er paßt in die Situation. Da schaut ein bedrohter Beter hoffnungsfroh in die Zukunft. Seine Feinde werden ihm nichts anhaben können. Beides wird gegenwärtig: das Andrängen der Gegner und das mutige Vorwärtsschauen.

Die falschen Zeugen

> Zeige mir, Herr, deinen Weg;
> leite mich auf ebener Bahn trotz meiner Feinde!
> Gib mich nicht meinen gierigen Gegnern preis;
> denn falsche Zeugen stehen gegen mich auf und wüten.
> Ich aber bin gewiß, zu schauen
> die Güte des Herrn im Land der Lebenden.

Falsche Zeugen treten gegen Jesus auf. Und was antwortet Jesus? Diesmal gibt eines der Lieder vom leidenden Gottesknecht Antwort. Früh haben Jesu Jünger diese Lieder, die im Jesajabuch begegnen, auf das Leiden ihres Herrn gedeutet. „Knecht" wird geradezu ein Ehrentitel Jesu. Immer wieder schließen die Gebete, die uns die Zwölfapostellehre, eine Schrift der frühen Kirche, überliefert, mit der Formel „durch Jesus, deinen Knecht".

Die Antwort des „Gottesknechts"

> Er wurde geplagt und niedergedrückt,
> aber er tat seinen Mund nicht auf.
> Wie ein Lamm, das man wegführt, um es zu schlachten,
> und wie ein Schaf, das verstummt, wenn man es schert,
> so tat auch er seinen Mund nicht auf.   Jesaja 53, 7

Jesus schweigt vor den Anklagen. Er ist der leidende Gottesknecht. Verurteilt wird er wegen seines Anspruchs. Diesen fassen die ersten Christen in das Bekenntnis „Messias — Gottessohn". Der Hohepriester fragt geradezu nach diesem Kernsatz christlichen Glaubens: Bist du der Messias, der Sohn des Hochgelobten? Wieder tönt die Antwort wie ein Echo aus der Heiligen Schrift Israels:

Der Anspruch Jesu

> So spricht der Herr zu meinem Herrn:
> Setze dich zu meiner Rechten . . .
> Ich habe dich gezeugt noch vor dem Morgenstern
> wie den Tau in der Frühe . . .
> Der Herr hat geschworen, und nie wird's ihn reuen:
> Du bist Priester auf ewig
> nach der Ordnung des Melchisedech.
> Aus Psalm 110, 1—4
>
> Da kam mit den Wolken des Himmels
> einer wie ein Menschensohn . . .
> Alle Völker, Nationen und Sprachen müssen ihm dienen . . .
> Sein Reich geht niemals unter.
> Aus Daniel 7, 13—14

Ich habe aus dem Psalm 110 und dem siebten Kapitel Daniels absichtlich mehr Sätze angeführt als die Erzählung des Evangeliums. Das Jesuswort nimmt jeweils nur einen Gedanken aus den alten Texten:

> Und ihr werdet den Menschensohn zur Rechten der Macht sitzen
> und mit den Wolken des Himmels kommen sehen.
> Markus 14, 62

Aber die anderen Sätze werden im Neuen Testament auch auf Jesus bezogen. Das beweist, wie Psalm 110 und Daniel 7 damals verstanden und benützt worden sind.

> **Übung**
>
> 1. Suchen Sie Zitate aus Psalm 110 in den Kapiteln 1, 5, 8, 10 und 12 des Hebräerbriefs.
> 2. Prüfen Sie, wo genau Worte aus Daniel 7 bei Mattäus 24 und 26, in den Kapiteln 1 und 14 der Offenbarung des Johannes vorkommen.

Nun erweckt die Erzählung bei Markus den Eindruck, der Hohe Rat habe einen formellen Prozeß gegen Jesus geführt und ein Todesurteil gefällt. Das ist kein Zufall. Die Erzählung ist oft bis in den Wortlaut hinein gleich gestaltet wie jene von der Verhandlung vor Pilatus. Nicht eine tatsächliche Abfolge gestaltet den Aufbau, sondern ein Schema. Stellen wir die Texte nebeneinander!

Jesus vor Kajafas.
Detail aus der Holztüre
von Santa Sabina in Rom.

Sie führten Jesus zum Hohenpriester.

Sie ließen Jesus fesseln,
abführen und an Pilatus
ausliefern.

Die Hohenpriester und der
ganze Hohe Rat suchten nach
einer Aussage gegen Jesus . . .

Die Hohenpriester brachten
viele Anklagen gegen ihn vor.

Da stand der Hohepriester auf,
trat in die Mitte und fragte
Jesus: Antwortest du nichts,
auf das, was diese gegen dich
vorbringen?

Pilatus fragte ihn: Hast du
darauf nichts zu sagen? Sieh
doch, wie viele Anklagen sie
gegen dich vorbringen!

Er aber schwieg und gab keine Antwort.	Jesus aber gab keine Antwort mehr, so daß Pilatus sich wunderte.
Nochmals wandte sich der Hohepriester an ihn und fragte: Bist du der Messias, der Sohn des Hochgelobten?	Pilatus wandte sich wieder an ihn und fragte: Bist du der König der Juden?
Jesus sagte: Ich bin es.	Er antwortete ihm: Du sagst es.
Und sie fällten alle das Urteil: Er sei des Todes schuldig.	(Jesus aber ließ er geißeln und übergab ihn den Soldaten zur Kreuzigung.)
Und einige spuckten ihn an, verhüllten sein Gesicht, schlugen mit den Fäusten auf ihn ein	Die Soldaten legten ihm einen Purpurmantel um und flochten einen Dornenkranz . . . Sie schlugen ihn mit einem Stock auf den Kopf und spuckten ihn an . . .
und sagten: Zeig, daß du ein Prophet bist!	Sie grüßten ihn: Heil dir, König der Juden!
Aus Markus 14, 55—65	Aus Markus 15, 1—5. 15—20a

Sie merken, wie sich die Szenen gleichen. Beide Male wird Jesus vorgeführt und wortreich angeklagt. Auf die Frage: Antwortest du nichts? schweigt er. Dann wird Jesus direkt danach gefragt, wie er sich selbst versteht: Bist du der Messias? — Bist du der König der Juden? Die Fragen entsprechen sich. Und Jesus bejaht beide Male.

Die Verhandlungen vor dem Hohen Rat und vor Pilatus erhalten in der Erzählung gleiches Gewicht. Da werden tatsächlich Gewichte verteilt. Die Schuld an Jesu Tod liegt bei den Männern der jüdischen Behörde und bei Pilatus. Darüber hinaus beantwortet die Erzählung die Frage nach dem Sinn des Todesleidens Jesu. Sie widerspiegelt das Bekenntnis der Kirche zu Jesus als Messias und ihr Ausschauen nach dem wiederkommenden Herrn.

„Ich weiß, daß die frühen Prediger das Leiden Jesu deuten mußten. Ein reiner Tatsachenbericht hätte nichts bedeutet. Im Gegenteil! Er hätte gegen Jesus und seine Boten gesprochen. Denn für die Juden war ein

Gehenkter — und damit auch ein Gekreuzigter — von Gott verworfen. Das Alte Testament und seine Botschaft allein konnte sie vom gottgewollten Sinn des Leidens überzeugen. Aber könnte sich das alles nicht doch so abgespielt haben, wie Markus erzählt? Schließlich fordert ein Prozeß vor dem Hohen Rat doch Zeugen, deren Aussagen übereinstimmen. Der vorgelegte Bericht kennt die jüdischen Rechtsvorschriften!"

Gut! Nehmen wir den Einwand auf. Stellen wir die zuerst aufgeworfene Frage an unseren Text. Er berichtet von einem nächtlichen Prozeß; doch offiziellen Sitzungen des Hohen Rats finden nur am Tage statt! Der Hohepriester fragt nach einem zentralen Glaubenssatz der Christen. Das ist völlig undenkbar. Den Begriff „Sohn des Hochgelobten" hätte ein gläubiger Jude nie in den Mund genommen. Und weiter: Jesu Antwort „Ich bin es!" kann nie und nimmer als Gotteslästerung gewertet werden. Der Hohe Rat fällt sofort nach dem Verhör und der Frage des Hohenpriesters ein Urteil. Nach der Prozeßordnung kann der Sanhedrin ein Todesurteil erst am zweiten Verhandlungstag fällen. Hier folgt der Schuldspruch auf eine einzige Nachtsitzung. Der Hohe Rat tritt an Feiertagen, am Sabbat und an den Rüsttagen davor nicht zusammen. Dies müßte aber in unserem Fall vorausgesetzt werden.

Die Unwahrscheinlichkeiten häufen sich, wenn wir mit solchen Fragen an den Text herangehen. Er will eben nicht informieren über ein Geschehen, das genau so und nicht anders passiert ist. Er ist zuerst Bekenntnis zu Jesus als Messias, dann deutet er mit den Sinn des Leidensweges und zuletzt sagt er auch noch, daß der Clan des Hannas und Mitglieder des Sanhedrin ihre Hände schmutzig gemacht haben. Sie fühlten sich von Jesus angegriffen. Sie haben ihn verhaften lassen. Sie haben ihn verhört. Sie haben ihn dem Pilatus überstellt. Sie sind mitschuldig „am Tod dieses Gerechten".

Wir dürfen die Erzählung vom Verhör vor dem Hohen Rat nicht als geschichtliche Information mißverstehen.

Von dieser Schuld spricht die älteste Schrift im Neuen Testament, der Brief des Paulus an die Gemeinde in Thessalonich. Er ist um das Jahr 50 geschrieben:

> Denn, Brüder, ihr seid den Gemeinden Gottes in Judäa gleich geworden, die zu Christus Jesus gehören. Ihr habt von euren Mitbürgern das gleiche erlitten wie jene von den Juden.
> Diese haben sogar Jesus, den Herrn, und die Propheten getötet.
>
> Paulus an die Thessalonicher 2, 14 f

Nebenbei bemerkt

Der Apostel weist zu Recht auf die Mitschuld jüdischer Menschen am Tod Jesu hin. Doch seine Sätze signalisieren auch eine große Gefahr. Paulus beschuldigt „die Juden". Er selbst ist seiner Geburt nach Jude und leidet um sein Volk. Dennoch verallgemeinert er hier. Auf solch einfache Weise werden in der späteren Geschichte Sündenböcke abgestempelt. Da

81

Der Todestag Jesu steht in enger Beziehung zum jüdischen Paschafest. Die Mahlfeier hat sich seitdem verändert, doch das Datum richtet sich bis heute nach dem ersten Vollmond im Frühjahr.

ist dann die Rede von „den Arabern", „den Israelis", „den Radikalen". Da wird im katholischen Dorf die Schuld bei der evangelischen Minderheit gesucht und umgekehrt. Und doch: Jeder von uns hat seine dunkle Seite. Neben Jesus steht Judas. Auch in uns. Wir müssen unseren Schatten, unsere dunkle Seite sehen. Dann hören wir vielleicht auf, immer aufs neue einen Sündenbock zu suchen.

V. Der Termin:
Das Paschafest war nahe

Zweimal begeht Jerusalem Jahr für Jahr den Palmsonntag. An zwei verschiedenen Freitagen gedenken die Christen des Todes Jesu. Die orthodoxen Mönche halten die Liturgie der ernsten Fastenzeit, während die Kirchen der Westkirchen schon das Oster-Halleluja singen. Die Konfessionen sind sich über den Tag des Leidens Jesu (noch) nicht einig.

Daran besteht kein Zweifel: Jesu Tod hat einen Bezug zum Pascha, zum jüdischen Osterfest. Das Markusevangelium setzt ein Datum an den Anfang seines Passionsberichtes: „Es war zwei Tage vor dem Pascha und dem Fest der Ungesäuerten Brote" (14, 1).

Diese Zeitangabe führt uns in den jüdischen Monat Nisan. Sein Name stammt aus dem babylonisch-assyrischen Kulturkreis. Er beginnt mit dem ersten Frühlings-Neumond. In der Monatsmitte haben wir dann Vollmond. Auf den 14./15. Nisan fällt das jüdische Osterfest. Das hat sich bis heute nicht geändert. Die Feier am Abend ist anders geworden. Die Juden schlachten heute keine Osterlämmer mehr.

Einen Zugang zum alten Paschafest eröffnet uns die kleine Gemeinde der Samariter. Auf dem Garizim, einem Berg über Nablus, feiern sie Jahr für Jahr ihr Ostern. Sieben Tage vor dem Fest kommen sie zur Hochfläche, um kultisch rein zu bleiben. Einjährige, fehlerlose Lämmer werden ausgewählt, die Schlacht- und Bratgrube ausgehoben.

Die Kultfeier aus biblischer Zeit beginnt mit dem Glaubenszeugnis des Hohenpriesters, liturgischen Gesängen und der Lesung aus dem 12. Kapitel des Buches Exodus:

Am zehnten Tage dieses Monats nehme sich ein jeder ein Lamm, nach der Zahl der Familien je ein Lamm für eine Haushaltung. Ein fehlloses, männliches einjähriges Lamm soll es sein; aus den Schafen oder Ziegen sollt ihr es nehmen. Und ihr sollt es aufbehalten bis zum vierzehnten Tage dieses Monats; dann soll die ganze Gemeinde es schlachten um die Abendzeit.

Bei den Worten „die ganze Gemeinde soll es schlachten" werden die Lämmer durch den Schächtschnitt getötet. Ein unbeschreiblicher Jubel bricht auf. Glück- und Segenswünsche werden ausgetauscht. Immer wieder hört man das Bekenntnis: „Es gibt keinen Gott außer dem einen, dem Herrn, voller Güte und Erbarmen." Das Fließen des Versöhnungsblutes scheint ein Höhepunkt dieser Kultfeier zu sein.

Treu dem biblischen Bericht werden Pfosten und Schwellen der Häuser mit dem Blut der geschlachteten Tiere besprengt. Die Lämmer werden

abgebrüht. Knaben zupfen ihnen die Wolle aus. Dann werden sie ausgenommen, eingesalzen, auf Eichenspieße gesteckt und in die Bratgrube gestellt. Solange das Fleisch gegart wird, ist der Platz fast verlassen. Nur an der Schlachtgrube flackert offenes Feuer. Restliches Blut und die Eingeweide werden verbrannt. Während der Nacht halten die Samariter dann das Mahl mit dem Osterlamm, ungesäuertem Brot und Bitterkräutern.

Die Feier des Paschamahles fällt jedes Jahr auf einen anderen Tag unseres Kalenders. Der 14. Nisan des Jahres 30 nach Christus entspricht unserem 7. April. Wir können annehmen, daß Jesus an diesem Tag verurteilt und hingerichtet worden ist.

Freilich kann ich nicht verschweigen, daß die Evangelien verschiedene Angaben über den ersten Karfreitag machen. Nach Markus, Mattäus und Lukas stirbt Jesus am Paschafest selber. Am Abend des 14. Nisan hält er das Paschamahl, danach wird er verhaftet und am nächsten Tag in einer

Seite 84:
Hoherpriester und Priester
der Samaritaner beim
Paschafest auf dem Berg
Garizim bei Nablus

Die Osterlämmer sind
geschlachtet. Die Kinder
der Samaritaner zupfen
ihnen die Wolle aus.

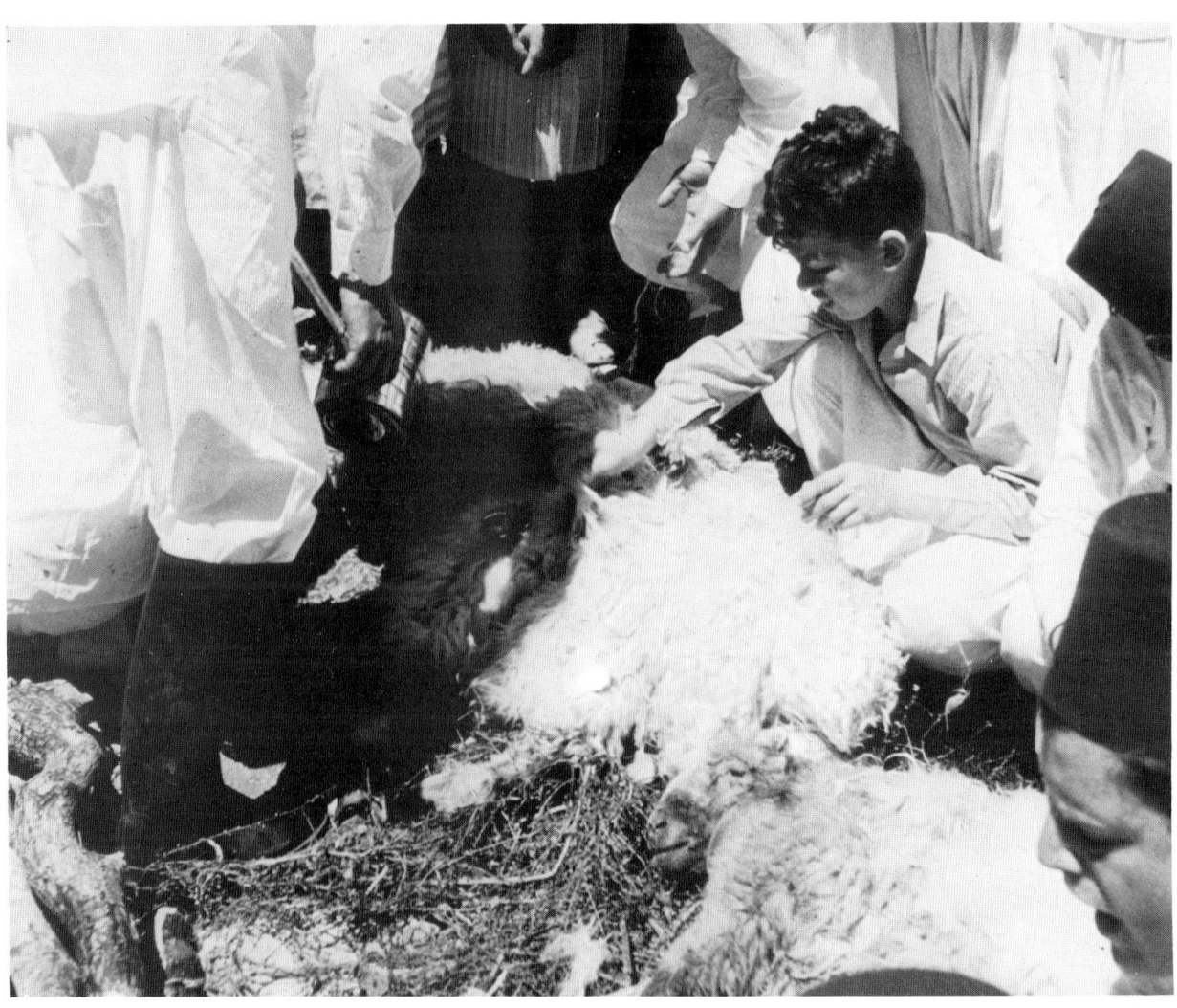

Justiztragödie zum Kreuzestod verurteilt. Nach dem Johannesevangelium ist Jesus an dem Tag gekreuzigt worden, an dem die Juden das Paschamahl hielten, also am 14. Nisan: „Von Kajafas führten sie Jesus zu dem Amtssitz des Statthalters; es war früh am Morgen. Sie selbst betraten das Amtsgebäude nicht, damit sie nicht unrein wurden, sondern das Paschalamm essen konnten" (18, 28).

Hinter den beiden verschiedenen Datumsangaben steckt Absicht. Markus legt das Abschiedsmahl Jesu auf die Zeit, da die Juden das Osterlamm essen. Er schildert uns damit zugleich einen Brauch der jungen Jerusalemer Christengemeinde. Jedes Jahr feierten die Judenchristen in der Nacht zum 15. Nisan das Paschamahl. Dabei gedachten sie auch des Abendmahls ihres Herrn. Für die feiernde Gemeinde wurden die beiden Mahlfeiern zu einer und zu ihrer eigenen.

Nach dem Johannesevangelium wird Jesus zu der Stunde gekreuzigt, als im Tempel die Paschalämmer geschlachtet werden. Für den Verfasser des vierten Evangeliums ist Jesus das wahre Paschalamm. Daran erinnert auch Joh 19, 36: „Denn das ist geschehen, damit die Schrift erfüllt wurde: Keinen Knochen an ihm wird man zerbrechen." Die Schriftstelle, die sich hier „erfüllt", galt zunächst dem Paschalamm. Sie gehört zur Regel für das Pascha: „Innerhalb des Hauses muß man es essen. Trag nichts vom Fleisch aus dem Haus! Und ihr sollt dem Paschalamm keinen Knochen zerbrechen" (Ex 12, 46). Die Datumsangaben der Evangelien haben ihren tiefen Sinn.

Der Todestag Jesu: 7. April 30

Eine von ihnen ist auch historisch richtig. Für mich steht der Tag fest, an dem Jesus das Urteil des Pilatus, das Kreuz und seinen Tod angenommen hat. Es war — nach unserem Kalender — der 7. April im Jahr 30. In Rom regierte Tiberius. Und in seiner kleinen, für das Reich nicht gerade bedeutenden Provinz Judäa rüsteten sich die Untertanen zu jener Mahlfeier, in der sie Jahr für Jahr ihrer Befreiung aus der Hand eines Unterdrückers gedachten. Für die Juden war jene alte Geschichte immer neu gegenwärtig. Manch einer wollte den Weg in die Freiheit bahnen helfen. Die Römer fürchteten den Aufstand. Weil die Festzeiten Tage der Hochspannung brachten, vertauschte der Statthalter den ehemaligen Herodespalast in Cäsarea mit dem in Jerusalem. Der große königliche Palast in der Oberstadt dient dann dem „Praefectus Judaeae" als Wohnung und Amtssitz.

VI. Der Richter: Pontius Pilatus

Steinerner Zeuge für den Richter des Jesus von Nazaret: die Pilatusinschrift aus Cäsarea am Meer

D rei Menschen nennt das christliche Glaubensbekenntnis: Jesus, Maria und Pilatus. Genau besehen kommt Pilatus als Zeitmarke ins Credo: „Gekreuzigt unter Pontius Pilatus." Damals, als Pilatus Landpfleger in Judäa war, ist es geschehen. So hat schon Lukas das erste Auftreten des Täufers und damit Jesu in die Zeitgeschichte eingebunden: „Es war im fünfzehnten Jahr der Regierung des Kaisers Tiberius; Pontius Pilatus war Statthalter von Judäa." Wer war dieser Mann?

Seine Herkunft und seine letzten Lebensjahre liegen im Dunkeln. Sicher kennen wir eigentlich nur einige Daten aus jenen Jahren, da Pontius Pilatus als fünfter römischer Statthalter die Provinz Judäa verwaltete.

Im Jahr 26 schickt Tiberius den römischen Ritter nach Palästina. Er mutet ihm einen schwierigen Posten zu. Das kleine Verwaltungsgebiet gilt als unruhig und schwierig. Die überlieferten Berichte sprechen von harten Auseinandersetzungen. Der neue Präfekt kennt die Kämpfe zwischen römischen Truppen und Aufständischen nach dem Tod Herodes des Großen.

Damals war der Finanzverwalter Sabinus aus Syrien nach Jerusalem gekommen. Er hatte den Königspalast besetzt und wollte die Kassenbestände des verstorbenen Königs „erforschen". Da brachte das Wochenfest zahlreiche Wallfahrer in die Heilige Stadt. Zusammen mit den Einheimischen belagerten sie die Römer. Sabinus schickte einen Boten nach dem andern zu Varus, der damals noch Statthalter in Syrien war. Er machte seinem Vorgesetzten klar, daß die Legion in großer Gefahr stünde. Varus war denn auch herangerückt, hatte die Anstifter der Revolte dingfest machen und gegen zweitausend Mann ans Kreuz schlagen lassen.

Ein Doppeltes konnte der Mann aus dem Geschlecht der samnitischen Pontier durch die Annalen lernen: 1. Zu den Festzeiten droht die Gefahr eines Aufstandes; 2. Gegen Rebellen gibt es nur eine Strafe, das Kreuz.

Pilatus residiert in der modernen Hafenstadt Cäsarea. Herodes hatte sie in römisch-hellenistischem Stil gestalten und einen großartigen Hafen anlegen lassen. Über marmornen Häusern ragte auf künstlicher Terrasse der Tempel des Augustus und der Roma. Hier mußte sich ein Römer wohler fühlen als in Jerusalem. Vor seinen Augen hatte er das Meer, das auch Italiens Küsten bespülte. Hier landeten die Schiffe aus der Heimat. Da gab es eine Pferderennbahn und ein Theater.

Man hat vermutet, daß Pilatus Antisemit war. Der Judenhasser Seianus, Präfekt der Garde, hat seine Ernennung betrieben. Jedenfalls nimmt der „PRAEFECTUS JUDAEAE" von Anfang an keine Rücksicht auf Gefühle und Sitten der Juden. Er weiß um das Bilderverbot bei seinen Untertanen. Und er pfeift darauf. Als einziger römischer Verwalter des jüdischen Landes läßt er heidnische Symbole auf seine Münzen prägen. Er bringt Kupfergeld mit lituus und simpulum in Umlauf. Der lituus, ein hornförmiger Krummstab, dient zum Umgrenzen des Raumes, in dem die heidnischen Priester die Opfervögel beobachten. Das simpulum ist eine sakrale Schöpfkelle. Die Wahrzeichen kaiserlicher Augurenwürde und heidnischen Opferdienstes müssen die Juden ärgern.

Bronzemünze, die Pilatus prägen ließ. Der Krummstab ist heidnisches Kultzeichen.

Allem Anschein nach liebt Pilatus solche Herausforderung. Geradezu bezeichnend dafür ist eine Szene, die Flavius Josephus fünfzig Jahre nach dem Vorfall niedergeschrieben hat:

Einmal ließ Pilatus eine Anzahl verhüllter Bildnisse des Kaisers,
welche die Römer „signa" nennen, zur Nachtzeit nach Jerusalem
bringen. Kaum graute der Tag, da bemächtigte sich eine hoch-
gradige Aufregung der Stadt. Denn was in die Nähe kam,
entsetzte sich über den Anblick wie über eine schwere Ver-
höhnung des Gesetzes, das den Juden verbot, irgendein Bildnis
in der Stadt aufzustellen. Nach und nach zog die Erbitterung der
Städter auch das Landvolk in großen Scharen herbei. Und alle
machten sich auf den Weg nach Cäsarea zu Pilatus. Sie baten ihn
flehentlich, die Bildnisse aus Jerusalem zu entfernen und doch
nicht an ihren überlieferten religiösen Satzungen zu rütteln.
Pilatus schlug ihre Bitte ab. Da warfen sich die Juden zu Boden
und blieben fünf Tage und ebensoviele Nächte liegen, ohne sich
zu rühren.
Am folgenden sechsten Tag nahm Pilatus in der großen Rennbahn

auf einer Tribüne Platz. Er ließ das Volk herbeirufen, als wolle er ihm Bescheid geben. Doch dann gab er seinen Soldaten, die vorher verständigt waren, ein Zeichen, die Juden mit den Waffen in der Hand zu umzingeln. Von einer dreifachen Reihe Bewaffneter eingeschlossen, gerieten die Juden über den unerwarteten Anblick zunächst in gewaltige Bestürzung.

Pilatus drohte, er werde sie niedermachen lassen, wenn sie die Bildnisse des Kaisers nicht bei sich aufnehmen würden. Er gab den Soldaten einen Wink, die Schwerter zu entblößen. Da fielen alle Juden wie auf Verabredung nieder, boten den Nacken dar und erklärten mit lauter Stimme, sie wollten sich lieber umbringen lassen als das Gesetz übertreten. Über dieses heldenmütige Eintreten des Volkes für seine Religion staunte Pilatus. Er befahl, die Feldzeichen sofort aus Jerusalem wegzubringen.

Jüdischer Krieg 2, 9, 2 f

Pilatus wollte die Juden einschüchtern. Doch er hatte sich verrechnet. Einen Massenmord konnte er sich nicht leisten. Der hätte ihm zumindest den Posten gekostet. So mußte er nachgeben und zum Rückzug blasen.

Gleichsam nebenbei erfahren wir aus dem Lukasevangelium doch von einem Massenmord des Pilatus. Er läßt galiläische Pilger beim Opfern auf dem Tempelplatz umbringen, „so daß sich ihr Blut mit dem ihrer Opfertiere vermischte" (13, 1). Wir kennen den Anlaß zu dieser Bluttat nicht. Pilatus verstand sich wohl zu rechtfertigen. Schließlich galten Galiläer selbst bei manchen Juden als die geborenen Revolutionäre und Freiheitskämpfer.

Pilatus handelte oft unüberlegt. Für die Juden und ihr Brauchtum hatte er kein Verständnis. Er nahm keine Rücksicht und liebte die Provokation. Einmal mehr forderte er seine jüdischen Untertanen heraus, als er goldene Weiheschilde im Jerusalemer Herodespalast anbrachte. Philon berichtet in seinem Werk „Legatio ad Gaium" (Abschnitt 299–305)[3]:

Pilatus provoziert wiederholt seine jüdischen Untertanen.

Pilatus . . . ließ, weniger um Tiberius zu ehren, als um die Volksmenge zu kränken, in der Herodesburg der Heiligen Stadt vergoldete Schilde anbringen. Sie trugen keine figürliche Darstellung oder sonst etwas Verbotenes, nur eine kurze Inschrift, die zweierlei nannte, den Namen des Weihenden und, wem sie geweiht waren. Als aber die Menge das bemerkte — denn die Sache war schon Stadtgespräch —, wählte sie zu ihren Sprechern die vier Söhne des Königs, die in Rang und Würden Königen gleichstanden, seine anderen Nachkommen und aus ihrer Mitte ihre Würdenträger. Durch diese ersuchten sie Pilatus, die verletzende Errichtung der Schilde rückgängig zu machen und die Vätertradition nicht anzutasten, die seit Urzeiten geachtet und von Königen und Kaisern unverletzt geblieben war. Pilatus lehnte es schroff ab. Er war nämlich von Natur aus unbeugsam, eigenwillig und unnachgiebig. Darauf schrieen sie: „Errege keinen Aufstand! Entfessele keinen Krieg! Brich nicht den Frieden! Entehrung alter Gesetze bedeutet keine Ehrung für den Kaiser. Tiberius sei Dir nicht Vorwand für eine Kränkung des Volkes! Der will nicht, daß ein Stück von unserer Tradition beseitigt wird. Behauptest Du es aber, weise selbst einen Befehl, einen Brief oder etwas Ähnliches vor, damit wir Dir nicht länger lästig sind, Gesandte wählen und unsere Bitten vor den Herrscher tragen." Dieser letzte Vorschlag brachte ihn besonders in Erregung, denn er fürchtete, man werde wirklich eine Gesandtschaft schicken und sich über seine sonstige Amtsführung beschweren. Dabei könnte man seine Bestechlichkeit, seine Gewalttätigkeit, seine Räubereien, Mißhandlungen, Beleidigungen, fortgesetzten Hinrichtungen ohne Gerichtsverfahren sowie seine unaufhörliche und unerträgliche Grausamkeit vortragen. Als boshafter und unversöhnlicher Mensch geriet er in Verlegenheit. Denn er wagte nicht, die einmal angebrachten Schilde zu beseitigen, und wollte seinen Untertanen nichts zu Gefallen tun. Auf der anderen Seite kannte er die Unbeirrbarkeit des Tiberius in solchen Dingen sehr genau. Die Bevollmächtigten sahen das und bemerkten, daß ihm sein Vorgehen leid tat, er es aber nicht zugeben wollte. Sie richteten daher an Tiberius ein dringendes Bittgesuch. Was der aber sagte, welche Drohungen er gegen Pilatus ausstieß. als er das Schreiben las, wie sehr er in Zorn geriet, obwohl er nicht zum Zorn neigte, ist müßig auszuführen, da sein Vorgehen für sich selbst spricht. Denn unverzüglich und ohne bis zum nächsten Tag zu warten, verfaßt er seine Antwort. Darin tadelt er Pilatus aufs schärfste wegen seiner ungewöhnlichen Unüberlegtheit und befiehlt, sofort die Schilde zu entfernen sowie sie aus der Hauptstadt nach Cäsarea ans Meer zu schaffen . . ., um sie dort im Augustustempel aufzuhängen. Das geschah dann auch.

Ein bedenkliches Charakterbild

Zehn Jahre regiert Pilatus das Gebiet Judäa. In dieser Zeit kann nicht Aufstand auf Aufstand gefolgt, können nicht nur Untaten geschehen sein. Kaiser Tiberius hat wohl auch seine Gründe gehabt, diesen Beamten solange im Amt zu belassen. Die Berichte verurteilen den Statthalter und verschweigen den Nutzen seiner Verwaltung. Die Tatsache, daß er die Wasserversorgung Jerusalems verbessert hat, wird uns nur berichtet, weil das Unternehmen auch zu Unruhen geführt hat. Pilatus hatte den Bau des Aquädukts mit Geld aus dem Tempelschatz finanziert. Für diese unfreiwillige Entwicklungshilfe bringt das Volk kein Verständnis auf. Die Juden

Notizen zu einem Psychogramm

Pontius Pilatus fehlen Selbstachtung und Selbst-
wertgefühl.
Er ist lieblos und fanatisch.
Er scheint nicht fähig zu intensiver menschlicher
Beziehung.
Seine Angst und Unsicherheit sucht er durch mutige
Taten zu überspielen.
Manchmal zeigt er einen Anflug von Mitleid. Dann
trifft eine aktuelle Situation die seiner Kind-
heit. Er bedauert im anderen sich selbst. Er
schenkt sich etwas von der Anteilnahme, die er
als Kind umsonst erhoffte.
Er ist zutiefst verletzt und frustriert.
Die unbewältigte Enttäuschung weckt immer neu die
Lust zu zerstören, herabzusetzen, verächtlich zu
machen.
Rasch sieht er jeden, der ihm entgegentritt, als
Gegner an, den es zu bekämpfen gilt.
Er nimmt weder sich noch andere ernst. Gerade darum
pocht er darauf, von anderen geachtet zu werden.
Seine Entscheidungen sind unantastbar.

Allem Anschein nach fehlte seiner Kindheit die
bergende Wärme. Er hat keine Geborgenheit erfahren und kann sich nicht auf einen inneren
Grund beziehen. Von oben gegebene Weisungen erfüllt
er in einer Art Haßliebe.

empören sich. Als Pilatus wieder nach Jerusalem kommt, hallen ihre Protest-
rufe durch die Oberstadt. Er reagiert auch diesmal völlig unangemessen.
Soldaten in Zivil verteilen sich unter das Volk. Pilatus sitzt auf dem Richter-
stuhl. Er macht kurzen Prozeß. Auf sein Zeichen hin sausen Knüppel auf
Köpfe, Arme und Leiber. Mancher sackt unter den Schlägen tot zusammen.
Andere werden von den Fliehenden zertreten.

Doch vergessen wir den Anlaß dieser Szene nicht! Pilatus hat die
Quelle ʿAin ʿAtan fassen und ihr Wasser über viele Kilometer nach Jerusalem leiten lassen. Wer auf einer Fahrt durch das jüdäische Bergland zwischen Betlehem und Hebron an den „Teichen Salomos" haltmacht, sollte
auch an den Beitrag des Pilatus für die Wasserzufuhr nach Jerusalem denken, wo Zisternen und Quellen den Bedarf einer steigenden Bevölkerung
nicht mehr deckten.

**Pilatus macht
kurzen Prozeß**

Noch ein zweites Denkmal hat sich Pilatus in seiner „Provinz" gesetzt. Am 16. Juni 1961 haben die Ausgräber im römischen Theater zu Cäsarea eine Inschrift entdeckt, die deutlich den Namen Pilatus zeigt. Die Tafel kann ein Gebäude zu Ehren des Kaisers Tiberius geschmückt haben. Die erste Zeile spricht nämlich von einem TIBERIEUM. Dabei kann es sich allerdings auch um den Namen eines Hains oder Parks handeln. Das „Schild" wäre dann am Eingang oder an einem Standbild angebracht gewesen. Ein sicheres Urteil ist nicht möglich. Als Bodenplatte hatte es ein Steinmetz in einen der Zugänge zu den Rängen im Theater eingepaßt.

Stein mit der Inschrift TIBERIEUM (PON)TIUS PILATUS (PRAEF)ECTUS JUDAE(AE)

Im Jahre 36 verspricht ein samaritanischer Prophet seinen Landsleuten, er werde sie zu der Stelle führen, wo die heiligen Gefäße des Mose aufbewahrt sind. Sie sammeln sich am Berg Garizim. Ein Teil von ihnen ist bewaffnet. Pilatus denkt an Aufstand, setzt seine Truppen in Marsch. Einige der Samariter werden niedergemacht, andere später hingerichtet.

Ihre Volksgenossen ziehen nach Antiochia und klagen vor Vitellius, dem römischen Legaten in Syrien. Dieser setzt Pilatus ab, schickt ihn nach Rom, wo er sich verantworten soll. Ehe Pilatus dort ankommt, stirbt sein Gönner, Kaiser Tiberius.

Und damit endet die Geschichte des Pilatus. Die Legende nimmt sich seiner an. Er habe im befohlenen Selbstmord geendet, heißt es da. Und sein Geist sei durch die Länder geirrt, bis er in einem Alpsee seine Ruhe gefunden habe, an jenem Berg, der seinen Namen trägt.

Eine Tat hat den Namen Pontius Pilatus bekannt gemacht. Ihretwegen kennen ihn die Christen aller Zeiten und Völker. Von ihr künden die Evangelien. Sie erwähnt auch der römische Geschichtsschreiber Tacitus. In seinen Annalen (15, 44) erzählt er vom Brand Roms unter Nero und auch davon, daß die Christen der Brandstiftung beschuldigt wurden. Dann fährt er fort:

> Christus, von dem ihr Name abgeleitet ist, wurde in der Regierungszeit des Tiberius durch den Prokurator Pontius Pilatus zum Tode verurteilt.

Römische
Soldaten
mit Schild,
Kriegstracht
und
Feldzeichen

VII. Der Prozeß

1. Der Ort des Geschehens: das Prätorium

Jerusalem, südlich vom Jaffator. Hier erheben sich stark und abwehrend die Mauern der Zitadelle. Kreuzfahrer, Mamelucken und Türken haben sie errichtet. Am stärksten der drei Ecktürme haben die Archäologen in die Tiefe gegraben. Das Fundament ist aus großen, fast fugenlos aufeinandergesetzen Quadern gefügt. Jeder hat einen sauber behauenen umlaufenden Rand. So arbeiteten die Steinmetzen des Herodes. An der Nordwestecke des damaligen Jerusalem hatten sie eine starke Befestigung errichtet. Sie sicherte zugleich den Königspalast, der sich von hier nach Süden erstreckte. In diesem Palast residierten seit dem Jahr 6 nach Christus die römischen Statthalter, wenn sie nach Jerusalem kamen. Vor dem Gebäude stand ihr Richterstuhl. Der Platz war jedermann zugänglich. So verlangte es ja auch das Recht. Hier drängte sich das Volk mehr als einmal um den Richterstuhl des Pilatus. Von einem Fall berichtet Flavius Josephus:

> Später rief Pilatus dadurch neue Unruhen hervor, daß er den Tempelschatz, Korban genannt, zur Anlage einer Wasserleitung verwendete. Diese sollte vierhundert Stadien lang werden. Hierüber entrüstete sich das Volk. Als Pilatus eines Tages nach Jerusalem kam, umringte es lärmend seinen Richterstuhl.
>
> Jüdischer Krieg 2, 9, 4

Vier Szenen der Passion Jesu, dargestellt auf einem Sarkophag aus den Domitillakatakomben

Eine ähnliche Situation

Im Jahr 64 nach Christus schickt Kaiser Nero einen neuen Präfekten nach Judäa: Gessius Florus. „In seiner Grausamkeit kannte er kein Mitleid, in seiner Ruchlosigkeit keine Scham. Noch nie hat jemand so wie er die Wahrheit in Lug und Trug verkehrt oder schlauere Mittel zu erfinden gewußt, um seine verbrecherischen Absichten zu erreichen." So urteilt ein Zeitgenosse, der schon mehrmals genannte jüdische Priestersohn, Feldherr und Schriftsteller Flavius Josephus. Dieser schildert uns auch eine dramatische Szene im damaligen Jerusalem. Sie erinnert in verschiedenen Zügen an den Prozeß Jesu. Der Schauplatz ist ohnehin derselbe: der freie Raum zwischen oberem Markt und Königspalast im Stadtteil Gabbata.

In der Oberstadt Jerusalems halten die römischen Statthalter Gericht.

Florus war im Königspalast abgestiegen. Am nächsten Tag setzte er sich vor dem Palast auf einen Richterstuhl. Der Hohepriester, die Großen und überhaupt der vornehmere Teil der Bürgerschaft fanden sich ein und stellten sich vor dem Richterstuhl auf. Florus verlangte nun von ihnen die Auslieferung derer, die ihn beschimpft hätten. Er drohte ihnen, sie selbst zur Strafe zu ziehen, wenn sie ihm die Schuldigen nicht vorführten. Sie dagegen wiesen auf die friedliche Stimmung des Volkes und erbaten Verzeihung für die, welche in ihren Reden zu weit gegangen. Es sei nicht zu verwundern, wenn in einer großen Menschenmenge auch einige Schreier und jugendlich unbesonnene Leute sich fänden. Die Schuldigen zu ermitteln, sei völlig unmöglich. Alle hätten ihren Sinn geändert und würden sich aus Furcht vor Strafe aufs Leugnen verlegen. Florus möge daher dem Volk den Frieden und den Römern die Stadt erhalten und deshalb lieber um der vielen Unschuldigen willen den wenigen Schuldigen verzeihen, als wegen einiger Bösewichter den gutgesinnten größeren Teil des Volkes in Gefahr bringen.
Diese Vorstellungen brachten Florus jedoch erst recht in Wut. Er schrie seinen Truppen zu, sie sollten den sogenannten oberen Markt plündern und jeden niederstoßen, der ihnen in den Weg käme. Dieser Befehl ihres Herrn kam den beutegierigen Soldaten sehr gelegen. Und sie plünderten nun nicht bloß den angewiesenen Stadtteil aus, sondern stürmten auch in jedes beliebige Haus hinein und mordeten die Bewohner. In den engen Gassen drängten sich die Fliehenden. Wer ergriffen wurde, konnte seines Todes gewiß sein. Da war keine Art von Räuberei, die nicht verübt wurde. Eine Menge friedliebender Bürger wurde festgenommen und zu Florus geschleppt, der sie schmählich geißeln und dann kreuzigen ließ.
Flavius Josephus, Jüdischer Krieg 2, 14, 8 f

96

Vor dem damaligen Königspalast, in der Nähe des oberen Marktes, hat auch Jesus vor dem römischen Statthalter gestanden. Diesen höchsten Platz Jerusalems nannten die Einheimischen „Gabbata – Buckel". Flavius Josephus spricht vom „oberen Markt" und von der „Oberstadt". Weil der Platz dort mit Steinplatten belegt war, wurde er im Griechischen als Lithostrotos, eben als „Steinpflaster" bezeichnet. Wir kennen diesen Begriff aus dem Johannesevangelium:

Blick auf Gebäude und Höfe des ehemaligen Herodespalastes, das Prätorium des Pilatus

> Als Pilatus diese Worte hörte, ließ er Jesus herausführen; er setzte sich auf den Richterstuhl an dem Platz, der Lithostrotos, auf hebräisch Gabbata heißt.
>
> Johannes 19, 13

Gabbata und Lithostrotos

2. Nicht diesen, sondern Barabbas

Schon hat das Verhör vor Pilatus begonnen. Der Leser steht gebannt vor der Frage: Wie wird Pilatus entscheiden? Da hebt unerwartet eine neue Erzählung an: Volk zieht hinauf zum Palast des Statthalters. Es will einen Gefangenen freibitten.

So bietet sich die Stätte des Prozesses und der Verurteilung Jesu heute dar.

Wir haben uns an diese Abfolge gewöhnt. Versuchen wir den Text im Markusevangelium unvoreingenommen zu lesen! Jetzt spüren wir den deutlichen Bruch.

Die Erzählung verbindet zwei ursprünglich selbständige Überlieferungen.

Gleich am frühen Morgen ließen die Hohenpriester, die Ältesten und die Schriftgelehrten, also der ganze Hohe Rat, Jesus fesseln, abführen und an Pilatus ausliefern, wie sie beschlossen hatten. Pilatus fragte ihn: Bist du der König der Juden? Er antwortete ihm: Du sagst es. Und die Hohenpriester brachten viele Anklagen gegen ihn vor. Pilatus wandte sich wieder an ihn und fragte: Hast du darauf nichts zu sagen? Sieh doch, wie viele Anklagen sie gegen dich vorbringen! Jesus aber gab keine Antwort mehr, so daß Pilatus sich wunderte.

Jeweils zum Fest pflegte er einen Gefangenen freizulassen, den sie sich ausbitten durften. Damals saß gerade ein Mann namens Barabbas im Gefängnis zusammen mit anderen Aufrührern, die bei einem Aufstand einen Mord begangen hatten. Das Volk zog zu Pilatus hinauf und bat, er möge dasselbe gewähren wie bisher.

> Pilatus fragte sie: Wollt ihr, daß ich euch den König der Juden freilasse? Er merkte nämlich, daß die Hohenpriester ihm Jesus aus Feindschaft ausgeliefert hatten. Die Hohenpriester aber hatten das Volk aufgewiegelt, er solle ihnen lieber den Barabbas freilassen. Pilatus wandte sich von neuem an sie und fragte: Was soll ich denn mit diesem tun, den ihr den König der Juden nennt? Da schrien sie: Kreuzige ihn! Da ließ Pilatus, um sie zufriedenzustellen, den Barabbas frei; Jesus aber ließ er geißeln und übergab ihn den Soldaten zur Kreuzigung.
>
> Markus 15, 1—15

Der Sinn des Abschnitts ist klar: Die jüdischen Führer ziehen Barabbas vor. Ein Mörder ist ihnen lieber als Jesus. Besonders deutlich wird das von Lukas ausgesprochen: Pilatus „gab den Mann frei, der wegen Aufruhr und Mord im Gefängnis saß und den sie gefordert hatten. Mit Jesus aber verfuhr er, wie sie es gewollt hatten" (23, 25). Ähnlich klingt es in der ebenfalls von Lukas geschriebenen Apostelgeschichte: „Ihr aber habt den Heiligen und Gerechten verleugnet und die Freilassung eines Mörders gefordert" (3, 14).

Die Christen vergleichen das Handeln des Pilatus und das Eintreten des Volkes gegen Jesus mit Freibitte und Freigabe des Barabbas. Zwei Geschehnisse stehen ihnen vor Augen und drängen den Vergleich auf. Beide sind vor dem Osterfest geschehen. Beide sind tatsächlich passiert. Ich meine aber: Verhör Jesu und Begnadigung des Barabbas fanden in verschiedenen Jahren statt.

Erst im Vergleich, dann im Weitererzählen werden die beiden Ereignisse nebeneinander-gestellt. Eine einzige Szene entsteht. Jetzt wird erzählt, daß das Volk wählen kann zwischen Jesus und Barabbas. Jetzt entsteht der Eindruck, Pilatus habe Jesus freilassen wollen. Aber schon die Erzählung, die Markus weitergibt, kann nicht erklären, warum der Statthalter nur einem die Freiheit gibt. Die Freigabe des einen fordert doch nicht die Verurteilung des andern. Unverständlich bleibt, warum Pilatus fragt: Soll ich euch den König der Juden freigeben? Die Menschen, die in die Oberstadt gezogen waren, wissen, wen sie losbitten wollen. Ist es zudem überhaupt denkbar, daß ein römischer Beamter Jesus allen Ernstes den „König der Juden" nennt? Dieser Titel riecht doch nach Aufstand, nach Rebellion gegen den Kaiser. Wer ihn trägt, verdient den Tod. Wie könnte Pilatus den begnadigen, den er zurecht als Judenkönig bezeichnen muß?

Vor einem Paschafest zieht Volk aus Jerusalem zum Prätorium. Sie wollen einen der ihren freibitten. Er trägt den nicht gerade seltenen Namen Barabbas, „Sohn des Abbas". Er sitzt im Gefängnis wegen eines Aufstands. Pilatus kommt der Bitte nach und begnadigt den Gefangenen.

Beim Weitererzählen formt sich der jetzt vorliegende Text.

Seite 100/101: Jesus wird vor Pilatus geführt. — Pilatus wäscht seine Hände in Unschuld. Details vom Sarkophag aus den Domitillakatakomben.

Vor hellem Hintergrund steht düster die Verurteilung Jesu. Warum ging die Sache mit Barabbas gut aus? Warum mußte Jesus unschuldig sterben? Beide Male handelte Pilatus. Wie konnte er so unterschiedlich urteilen? — Im Fragen der Christen werden die beiden Fälle nebeneinandergestellt. Aus zwei Geschichten wird eine. Und auch diese verändert sich. Von Evangelium zu Evangelium wird Pilatus mehr entlastet. Schon bei Markus wird das Tribunal zur Volksbefragung. Pilatus fragt die Leute: Was soll ich denn mit diesem tun, den ihr den König der Juden nennt? Welches Verbrechen hat er denn begangen? (14, 12. 14) Das jüdische Volk fordert den Vollzug einer römischen Strafe!

Vergleichen Sie selbst Mattäus 27, 11-26, Lukas 23, 13-25 und Johannes 18, 28 — 19, 16 mit dem Text des Markus!

Im Mattäusevangelium schiebt Pilatus alle Schuld auf die Umstehenden. Er läßt sich Wasser bringen, wäscht die Hände und sagt: Mich trifft keine Schuld am Blut dieses Menschen. Das ist eure Sache (27, 24).

Nach Lukas erklärt Pilatus direkt, daß Jesus unschuldig ist:

> Pilatus rief die Hohenpriester und andere Mitglieder des Hohen Rats und das Volk zusammen und sagte zu ihnen: Ihr habt mir diesen Menschen hergebracht und behauptet, er wiegle das Volk auf. Ich selbst habe ihn in eurer Gegenwart verhört und habe keine der Anklagen, die ihr gegen diesen Menschen vorgebracht habt, bestätigt gefunden. Aber auch Herodes fand ihn nicht schuldig; denn er hat ihn zu uns zurückgeschickt. Ihr seht also: Er hat nichts getan, wofür er den Tod verdient. Daher will ich ihn nur auspeitschen lassen und dann freigeben.
> 23, 13—16

Johannes hat das Verhör Jesu durch Pilatus in sieben Szenen gegliedert. Jedesmal wechselt der Ort der Handlung. Vier Szenen spielen vor dem Palast, drei innerhalb. Dreimal tritt Pilatus vor das Volk und versucht Jesus und seinen „Fall" abzuschieben:

1. Versuch:
„Nehmt doch ihr ihn und richtet ihn nach eurem Gesetz" (18, 31).

2. Versuch:
„Ich finde keinen Grund, ihn schuldig zu sprechen. Es besteht bei euch der Brauch, daß ich euch am Paschafest einen Gefangenen freigebe. Wollt ihr also, daß ich euch den König der Juden freigebe? (18, 38—39)

3. Versuch:
„Seht, ich bringe ihn euch heraus; ihr sollt wissen, daß ich keinen Grund finde, ihn schuldig zu sprechen ... Nehmt ihr ihn und kreuzigt ihn! Ich finde keinen Grund, ihn schuldig zu sprechen" (19, 4. 6)

Als die frühen Christen vom Prozeß vor Pilatus erzählten, berichteten sie auch noch den Urteilsspruch. Beim Weitersagen und Deuten jenes Ereignisses verdrängte aber schließlich die Barabbas-Szene das formelle Urteil. Als deutlicher Hinweis blieb der Satz stehen: „Jesus aber ließ er geißeln und übergab ihn den Soldaten zur Kreuzigung" (Mk 15, 15).

3. Das Urteil des Pilatus

Am Morgen des Rüsttages vor dem jüdischen Pascha bringt die Wachmannschaft des Hohenpriesters den gefesselten Jesus zum ehemaligen Herodespalast. Eine Gruppe um den Hohenpriester Kajafas vertritt die Anklage. Sie lautet auf Hochverrat. Den Prozeß führt Pontius Pilatus.

Nach den Edikten von Kyrene aus der Zeit des Augustus konnte ein Kapitalprozeß in der Provinz vom Statthalter selbst durchgeführt oder an das Geschworenengericht übergeben werden. Über Straftaten „gegen die Sicherheit und Ordnung von Provinz und Reich" urteilte der Statthalter allein. [4] Rechtsgrundlage ist das Gesetz über den Hochverrat, die *Lex Iulia maiestatis*. **Rechtsgrundlage**

Pilatus kennt die Rechtssprechung Roms. Er weiß, wie oft Tiberius bei Majestätsverbrechen die Todesstrafe verhängt hat. Die offizielle Politik dieser Jahre ist zudem antijüdisch. Von vornherein steht es schlecht um den Angeklagten.

Die Verhandlung ist öffentlich. Der Richterstuhl des Pilatus steht auf erhöhtem Podium. Jeder kann ihn sehen.

Die Ankläger werfen Jesus vor, daß er sich zum König gemacht hat. **Anklage** Er ziehe Menschen auf seine Seite und schüre den Aufruhr. Er verbiete, dem Kaiser die Kopfsteuer zu zahlen. Das deutet auf ein Majestätsverbrechen. Der Angeklagte handelt gegen die Interessen Roms; er bedroht die Sicherheit in dieser Provinz; er strebt einen eigenen Staat an; er verführt brave Untertanen zur Feindschaft gegen das römische Volk.

Pilatus fordert Jesus zur Stellungnahme auf: Bist du der König der **Stellungnahme Jesu** Juden? Er will wissen, ob sich der Angeklagte schuldig bekennt. Jesus bejaht die Frage. Ohne Zweifel deutet Pilatus diese Antwort als Eingeständnis im Sinne der Anklage. Wir können ja nicht voraussetzen, daß er die Verkündigung Jesu kennt und um ihren religiösen Charakter weiß. Dagegen hat er immer wieder erfahren, daß sich in diesem Land oft Religiöses mit Nationalem verbindet. Er braucht nur an den Aufstand im Todesjahr des älteren Herodes zu denken, den Quintilius Varus niederwerfen mußte. Oder an den Widerstand gegen die Steuerschätzung des Quirinius. — Wer in diesem Lande Ruhe und die Rechte Roms sichern will, muß jeden Ansatz zum Aufruhr im Keim ersticken. Nach dieser Maxime handelt Pilatus. Sein späteres Verhalten den Samaritern gegenüber macht das deutlich.

Pilatus hat ungezählte Menschen ohne formelles Urteil bestrafen und töten lassen. Sein Verhältnis zu Recht und Gerechtigkeit war mehr als **Strafgrund** gestört. An diesem Morgen fällt er ein Urteil. Als *causa poenae*, als Strafgrund dient ihm der Titel „König der Juden". Als messianischen Aufrührer, als jüdischen Thronprätendenten verurteilt er Jesus. Der Spruch selbst umfaßt nur drei Wörter:

> IBIS IN CRUCEM — Du wirst das Kreuz besteigen.

Der höchste römische Beamte dieser Unterprovinz hat das Urteil gesprochen. Er hat Jesus zu einer Strafe verdammt, die nur ein römisches Gericht verhängen konnte. Er trägt Verantwortung für den Tod des Propheten aus Nazaret.

4. Ave, Rex Judaeorum

Die Anklage gegen Jesus spiegelt sich in verschiedenen Berichten.

Pilatus hat Jesus als König der Juden verurteilt. Das zeigt nicht nur seine Frage an den Angeklagten. Darauf weist nicht bloß der ausgebaute Dialog in der zweiten von sieben Szenen, die Johannes zum Prozeß Jesu gestaltet hat:

> Pilatus ging wieder in das Amtsgebäude hinein, rief Jesus und fragte ihn: Bist du der König der Juden? Jesus antwortete: Fragst du das von dir aus, oder haben es dir andere über mich gesagt? Pilatus entgegnete: Bin ich denn ein Jude? Dein eigenes Volk und die Hohenpriester haben dich mir ausgeliefert. Was hast du getan? Jesus antwortete: Meine Königsherrschaft ist nicht von dieser Welt. Wenn meine Königsherrschaft von dieser Welt wäre, hätten meine Diener für mich gekämpft, damit ich den Juden nicht ausgeliefert würde. Aber meine Königsherrschaft ist nicht von dieser Welt. Pilatus sagte zu ihm: Also bist du doch ein König? Jesus antwortet: Du sagst es; ich bin ein König. Ich bin dazu geboren und in die Welt gekommen, daß ich für die Wahrheit Zeugnis ablege. Jeder, der aus der Wahrheit ist, hört meine Stimme. Pilatus sagte zu ihm: Was ist Wahrheit?
>
> Johannes 18, 33—38a

Die causa poenae, der Strafgrund, wird geradezu in dramatische Handlung umgesetzt bei der Krönung und Verspottung Jesu. Sie wird bereits im frühesten, uns erreichbaren Passionsbericht erzählt.

Seite 105:
Die Soldaten, die Jesus verspottet haben, finden Nachahmer: Das Spottkreuz vom Palatin zeigt den Gekreuzigten mit einem Eselskopf.

> Die Soldaten führten ihn in den Palast und riefen die ganze Kohorte zusammen. Dann legten sie ihm einen Purpurmantel an und flochten einen Dornenkranz, den setzten sie ihm auf und grüßten ihn: Heil dir, König der Juden! Sie schlugen ihm mit einem Stock auf den Kopf und spuckten ihn an, beugten ihre Knie und huldigten ihm. Nachdem sie so ihren Spott mit ihm getrieben hatten, nahmen sie ihm den Purpurmantel ab und zogen ihm seine eigenen Kleider wieder an.
>
> Markus 15, 16—20a

Wie wenige Jahre danach in ähnlicher Weise ein König der Juden, Agrippa I., in Alexandria verhöhnt wird, schildert der schon genannte jüdische Philosoph und Schriftsteller Philon in seiner Schrift „Gegen Flaccus" [5]:

> Da lebte ein Geisteskranker namens Carabas ... Er brachte Tag und Nacht unbekleidet auf den Straßen zu und scheute weder Hitze noch Frost, Kinder und müßige Burschen trieben ihr Spiel mit ihm. Die nahmen den unglücklichen Menschen mit ins Gymnasium und stellten ihn auf einen erhöhten Platz, wo er allen sichtbar war; sie stülpen ihm ein Blütenbüschel von Papyrus als Krone auf den Kopf und umhüllen seinen Körper mit einer Matte als Mantel; anstatt eines Zepters gibt ihm einer ein kurzes Stück einheimischen Papyrus, das er am Wegrand gesehen und abgerissen hatte. Und als er nun wie bei Bühnenpossen die Zeichen der Herrschaft trug und zum König geschmückt war, stellten sich junge Leute mit Stöcken auf den Schultern wie Lanzenträger rechts und links als Leibwache auf. Dann traten andere vor ihn hin, teils als wollten sie ihm huldigen, teils wie um einen Prozeß zu führen, teils als suchten sie in öffentlichen Angelegenheiten seinen Rat. Dann brach die ringsum stehende Menge in ein unsinniges Geschrei aus: „Marin", riefen sie — so wird angeblich bei den Syrern der Herrscher genannt; denn sie wußten, daß Agrippa ein Syrer war und über einen großen Teil Syriens herrschte.

Folgen wir der Erzählung im Markusevangelium: Jesus wird in einen Hof oder einen Raum des weitläufigen Herodespalastes geführt. Die Soldaten rufen die Leibgarde zusammen, die mit Pilatus von Cäsarea heraufgezogen war. Schnell ist ein Kranz aus Zweigen einer Akanthusart geflochten. Er wird Jesus auf den Kopf gedrückt. Schließlich tragen die hellenistischen Vasallenkönige einen goldenen Blätterkranz als Kopfschmuck. Auch das rote Gewand soll an einen König erinnern. Jesus wird als Spottkönig ausstaffiert. Die Soldaten erheben den Arm zum Gruß: Ave, Rex Judaeorum. Ja, sie äffen sogar den Kniefall vor dem thronenden Herrscher nach.

Die Verspottungsszene setzt voraus: Jesus wurde als König der Juden verurteilt.

Der Anspruch Jesu verfällt dem Spott der Soldaten. Wir brauchen für diese Szene kein römisches Vorbild zu suchen. Sie wächst — wie jene in Alexandria — aus der Situation. Sie wird aus dem Urteilsgrund herausgesponnen. Zudem dürfen wir nicht voraussetzen, daß die Soldaten allzu vertraut waren mit den Verhältnissen Roms, dem Zeremoniell um den Imperator oder den Saturnalien, eine Art Karneval zu Ehren des Gottes Saturn, bei dem auch ein König drapiert wurde. Die Hilfstruppen des Pilatus rekrutierten sich aus angeworbenen Soldaten. In diesem Landsturm waren meist Orientalen vertreten.

Und ein drittes Mal wird uns der Grund für das Urteil des Pilatus vor Augen geführt im *Titulus,* in der Kreuzesinschrift. Diese Tafel ist Jesus auf dem Kreuzweg vorangetragen und dann ans Kreuz genagelt worden. Ihren Wortlaut gibt jeder Evangelist etwas anders an. Vierfach bezeugt sind die entscheidenden Worte: „König der Juden".

Als Tafel, die mit einem Strick ans Kreuz gehängt wurde, gestaltet Grünewald den Titulus, die Kreuzesinschrift.

VIII. Die Strafe

1. Jesus aber ließ er geißeln

Bis zu dieser Stunde werden Menschen gefoltert. Bis heute ersinnen Männer Werkzeuge, mit denen sie andere quälen können. Die Geißelung ist nur eine von vielen Folterarten. Schon bei den Mazedoniern soll sie mithelfen, einem Angeschuldigten das Geständnis abzupressen:

> Antigonus, ein Freund Philipps von Mazedonien, tritt vor den König: Aus vielen Gesprächen glaube ich gemerkt zu haben, daß du großen Wert darauf legst, die Wahrheit über deine Söhne zu hören. Du willst erfahren, wer den anderen mit Betrug und Hinterlist bedroht hat. Der einzige Mensch, der den Knoten dieses Irrtums lösen kann, ist in deiner Gewalt: Eutychus. Ich konnte ihn zufällig fassen und habe ihn in die Königsburg geführt. Laß ihn nur rufen.
> Eutychus wird hereingebracht. Er leugnet derart unsicher, daß sofort klar wird: der Mann ist zur Anzeige bereit, wenn ihm nur etwas Furcht eingejagt wird.
> Tatsächlich erträgt er den Anblick des Marterknechtes und der Geißelung nicht. Er beginnt auszusagen.
>
> Nach Livius 40, 55

Geißelung als „Nachhilfe" beim Verhör

Die Geißelung als selbständige Strafe kennt bereits der Kodex des Hammurapi im 18. Jahrhundert vor Christus. Der bedeutende Herrscher Babylons hat sein „bürgerliches Gesetzbuch" in Stein meißeln und öffentlich aufstellen lassen. Ein Exemplar dieser Urkunde, eine zwei Meter hohe Dioritstele, stand im Tempel des Sonnengottes in Sippar. Sie ist erhalten geblieben. Zu Beginn unseres Jahrhunderts wurde sie in Susa entdeckt. Heute steht sie im Louvre. „Paragraph" 202 handelt von der Geißelung:

Zur Geschichte dieser Strafe

> Wenn ein Mann einen anderen, der höher steht als er, auf die Wange geschlagen hat, dann wird er in der Gerichtsverhandlung sechzig Schläge mit dem Ochsenziemer bekommen.

Seite 108:
Geißeln aus Eisenringen, Lederriemen mit Metallkugeln oder Knochenstücken dienten als Marterwerkzeuge.

Um die Mitte des fünften vorchristlichen Jahrhunderts werden in Rom von einer außerordentlichen Kommission, den „zehn Männern", die „Gesetze der zwölf Tafeln" zusammengestellt. Ihr Name erinnert daran, daß sie auf zwölf Holz- oder Bronzetafeln aufgeschrieben und „veröffentlicht" worden sind. Diese Gesetzessammlung sieht die Geißelung für den auf frischer Tat ertappten Dieb, auch für nächtlichen Erntediebstahl Unmündiger vor.

Nicht immer wird bei dieser Strafe ein Unterschied zwischen Freien und Sklaven gemacht. Wir haben genügend Zeugnisse dafür, daß auch römische Bürger diese Strafe erdulden mußten.

Gerade das Auspeitschen eines Bürgers wirft der Staranwalt und Redner Cicero dem Angeklagten Verres, dem ehemaligen Statthalter Siziliens, in seiner zweiten Anklagerede vor:

Wie viele er mit Ruten ausgepeitscht — was soll ich daran erinnern? In aller Kürze nur das, ihr Richter: das Bürgerrecht machte unter dem Prätor auch nicht den geringsten Unterschied ...

Kannst du leugnen, Verres, daß du auf dem Forum von Lilybaeum (heute Marsala) vor großer Versammlung den römischen Bürger C. Servilius aus dem Bezirk von Panormos (= Palermo), einen alteingesessenen Handelsmann, vor deinem Richterstuhl, zu deinen Füßen durch Rutenhiebe zu Boden schlagen ließest? Wag dies doch zu leugnen, wenn du's kannst. Du findest keinen in Lilybaeum, der das nicht gesehen, keinen in Sizilien, der nicht davon gehört. Ich stelle fest: Fertiggemacht von den Schlägen deiner Büttel ist ein römischer Bürger vor deinen Augen zusammengebrochen ...

Sechs Büttel, kräftige Burschen und wohlgeübt im Verprügeln und Auspeitschen von Menschen, schlagen äußerst brutal auf ihn ein. Schließlich drehte der Oberbüttel Sextius, von dem ich schon oft gesprochen habe, den Schlagstock um und begann, dem Unglücklichen mit aller Kraft ins Gesicht zu trommeln. Da brach jener zusammen. Blut strömte über Antlitz und Augen. Gleichwohl stießen die den Daliegenden in die Seite ... so zugerichtet wurde jener damals wie ein Toter weggetragen. Kurze Zeit danach ist er gestorben.

Cicero, Zweite Rede gegen Verres, Buch 5, 140—142

Zu verschiedenen Zeiten allerdings schützte das römische Bürgerrecht vor dieser Züchtigung. Das deutet die Apostelgeschichte an verschiedenen Stellen an:

Sie ergriffen Paulus und Silas, schleppten sie auf den Markt vor die Stadtbeamten, führten sie den Richtern vor und sagten: Diese Männer bringen Unruhe in unsere Stadt. Es sind Juden; sie

Geißelstrafe — Willkürakt eines römischen Statthalters

Marcus Tullius Cicero, der römische Staatsmann, Redner, Philosoph und Staranwalt, spricht in seinen Plädoyers von Geißelung und Kreuz.

verkünden Bräuche, die wir als Römer weder annehmen noch ausüben dürfen. Da erhob sich das Volk gegen sie, und die Richter ließen ihnen die Kleider vom Leib reißen und befahlen, sie mit Ruten zu schlagen. Sie gaben ihnen viele Schläge und warfen sie ins Gefängnis; dem Gefängniswärter befahlen sie, sie in sicherem Gewahrsam zu halten.

Als es Tag wurde, schickten die Richter die Büttel und ließen sagen: Laß jene Männer frei! Der Gefängniswärter überbrachte Paulus die Nachricht: Die Richter haben hergeschickt und befohlen, euch freizulassen; geht also, zieht in Frieden! Paulus aber sagte zu ihnen: Sie haben uns ohne Urteil öffentlich prügeln lassen, obgleich wir römische Bürger sind, und haben uns in den Kerker geworfen. Und jetzt möchten sie uns heimlich fort- schicken? Nein! Sie sollen selbst kommen und uns hinausführen.

Apostelgeschichte 16, 19b—23. 35—39

Die Missionare berufen sich nachträglich auf ihr Bürgerrecht. Die Prügelstrafe hatten sie nicht verhindern können.

Nach der Verhaftung in Jerusalem will der römische Oberst den Paulus unter Folter verhören. „Als sie ihn aber für die Geißelung festbanden, sagte Paulus zu dem Hauptmann, der dabeistand: Dürft ihr einen Römer geißeln, noch dazu ohne Verurteilung?" Der Einspruch wirkt schlagartig: Sofort geht Meldung an den Obersten. Der erschrickt, als er erfährt, „daß es ein Römer war, den er hatte fesseln lassen" (Apg 22, 25. 29).

Sklavenstrafe

Im übrigen scheint die Geißelung geradezu eine typische Sklavenstrafe gewesen zu sein. Mit ihr rechnet Sosia, der Sklave des Amphitryon. Plautus, der um 200 vor Christus griechische Stoffe in seinen römischen Komödien verdichtete, legt dem Sosia dieses Selbstgespräch in den Mund:

> Was soll ich tun, wenn jetzt die Polizei
> Mich ins Gefängnis bringt? Von dort werd morgen ich
> Wie aus einer Vorratskammer zum Geißeln rausgeholt.
> Und weder darf ich dann mich rechtfertigen,
> Noch ist zu rechnen auf die Hilfe meines Herrn.
> Die ganze Welt wird glauben, mir geschehe recht;
> Wie einen Amboß werden acht handfeste Kerle
> Mich Armen dann zerklopfen . . .   Amphitryon 155—159

Ohne schweren Grund werden Untertanen Roms in der Provinz gegeißelt. Die Richter scheinen diese Strafe ohne langes Überlegen, vor allem ohne große Hemmungen verfügt zu haben. Auch dafür ein Beispiel:

Bericht über eine Geißelung in Jerusalem

> Ein gewisser Jesus, des Ananus Sohn, ein ungebildeter Landmann, kam vier Jahre vor dem Ausbruch des Krieges (also 62 nach Christus), als die Stadt sich noch tiefen Friedens und großen Wohlstandes erfreute, zu dem Fest, an dem der Sitte gemäß alle Juden Gott zu Ehren Laubhütten in der Nähe des Tempels errichten, und fing da plötzlich an zu rufen: Eine Stimme (= Wehe) vom Aufgang, eine Stimme vom Niedergang, eine Stimme von den vier Winden; eine Stimme über Jerusalem und den Tempel, eine Stimme über Bräutigam und Braut, eine Stimme über das ganze Volk! Tag und Nacht rief er dies und lief dabei durch alle Gassen. Einige vornehme Bürger, die sich über das Unglücksgeschrei ärgerten, ergriffen den Menschen und züchtigten ihn mit harten Schlägen. Er entschuldigte sich nicht, brachte auch nichts gegen seine Peiniger vor, sondern machte weiter und wiederholte immer neu seine Worte. Zurecht glaubten die Vorsteher, der Mensch handle so aus höherem Antrieb. Sie führten ihn vor den römischen Landpfleger. Dort wurde er bis auf die Knochen durch Geißelhiebe zerfleischt. Doch er bat nicht

um Gnade. Er vergoß keine Träne. Jeden Hieb erwiderte er im
kläglichsten Ton mit dem Ruf: Wehe Jerusalem! Als Albinus — so
hieß der Landpfleger — ihn nach Person, Herkommen und Grund
seines Rufens fragte, gab er darauf keine Antwort. Er fuhr
vielmehr mit seinem Klagegeschrei über die Stadt fort, bis
Albinus, von seinem Wahnsinn überzeugt, ihn laufen ließ.

Flavius Josephus, Jüdischer Krieg 6, 5, 3

**Priester der Großen Mutter
mit einer Geißel**

EX · DONO · DVCIS · GLORIIAE · SPORIIAE

Womit wurde gegeißelt? Wir hörten von Ochsenziemer, Ruten, Schlagstock und Geißel. Die römischen Folterknechte benutzten eine Lederpeitsche, an deren Riemen Knoten geknüpft, Knochen oder Metallstücke befestigt oder eingeflochten waren. Kein Gesetz beschränkt die Zahl der Hiebe. Jesus, der Sohn des Ananus, wird bis auf die Knochen zerfleischt. Und mehr als einmal bricht ein Geschundener tot unter den Schlägen zusammen.

Geißelung — Nebenstrafe des zum Tod Verurteilten

Sehr häufig begegnet Geißelung als Nebenstrafe des zum Tod Verurteilten. Das Auspeitschen vor dem Todesstreich erwähnt der römische Geschichtsschreiber Titus Livius (59 v. Chr.—17 n. Chr.) an zahlreichen Stellen seiner „Ab urbe condita libri — Bücher von der Stadtgründung an". Wir erfahren, daß Vitrubius Baccus, ein Anführer von Mannen aus Privernum und Fundi, im Namen des Senats ausgepeitscht und hingerichtet werden soll (8, 20). Bei Leontium werden zweitausend Überläufer „mit Ruten gestrichen und mit dem Beil hingerichtet". Im Krieg gegen Hannibal berät der Kriegsrat wegen des Überläufers Dasius Altimios von Arpi. Einige meinen, „daß ein solcher Mensch von so zweideutiger Gesinnung als gemeinsamer Feind und als Überläufer ausgepeitscht und hingerichtet werden müsse" (24, 45).

Da ist die Rede von zehn Gesandten der Lokrer, die in Rom über die Gewalttätigkeit des römischen Legaten und seiner Soldaten Klage führen. Ihr Sprecher schildert sogar Kämpfe zwischen einer Partei des Legaten Pleminius und der zweier Kriegsobersten. Dabei habe der Legat „die Kriegsobersten fesseln, dann auspeitschen, durch alle möglichen Arten wie Sklaven mißhandeln und quälen, schließlich hinrichten lassen und dann noch verboten, die Toten zu begraben" (29, 18).

Immer wieder erzählen die alten Pilgerberichte von einer Geißelsäule, die in Jerusalem verehrt wurde. Die Nonne Egeria, auch Ätheria genannt, berichtet, daß in der Nacht zum Karfreitag die Eifrigen in die Sionskirche gehen, „um an der Säule zu beten, an welcher der Herr gegeißelt wurde". Heute erinnert ein kurzer Säulenstumpf in der Sakramentskapelle der Grabeskirche an die Geißelung Jesu. Auch in der römischen Kirche Santa Prassede wird eine Geißelsäule gezeigt. Wir brauchen nicht nach der Geißelsäule zu suchen, an die Jesus gebunden worden ist. Wer sollte sie gekannt und aufbewahrt haben? Eines ist sicher: Oft wurden die Verurteilten an eine niedere Säule oder an einen Pflock gebunden. Auf ihren gekrümmten Rücken klatschten dann die Hiebe der Peitschen.

Eine Szene in den Bacchiden des Plautus schildert die Vorbereitung zur Geißelung. Nicobulus, ein älterer Athener, ist gegen seinen Sklaven Chrysalus aufgebracht. Ein Brief seines Sohnes hat bitteren Verdacht geweckt. Mit seinem Aufseher Artamo und mehreren Sklaven tritt er aus dem Haus.

Nicobulus: Bind unverzüglich ihm die Hände, Artamo!
Chrysalus: Was hab ich denn getan?
Nicobulus: Schlage mit den Fäusten drein,
               Wenn er sich muckst . . .
               Fort mit ihm, und bindet ihn im Haus
               an eine Säule fest!

Plautus, Bacchides 799 f. 822 f

Der zum Kreuzestod Verdammte wurde wohl immer zuerst gegeißelt.

So läßt der Statthalter Gessius Florus, ein Nachfolger des Pontius Pilatus, jüdische Männer geißeln und dann kreuzigen. Vor Machärus wird der gefangene jüdische Verteidiger Eleazar nackt ausgezogen und gegeißelt; unmittelbar danach richten die Soldaten das Kreuz auf.

Geißelung und Kreuzigung gehören zusammen.

Knapp sagt Markus: „Jesus aber ließ er geißeln und übergab ihn den Soldaten zur Kreuzigung." Beides geschieht nach dem Urteilsspruch des Pilatus. Auch in diesem Fall ist die Geißelung Nebenstrafe. Der bereits zum Kreuzestod verurteilte Jesus wird zuerst noch gegeißelt. Die Soldaten schlagen mit ihren Lederpeitschen auf Jesus ein, bis ihm Fetzen von Haut und Muskeln herabhängen und Blut aus zahlreichen Wunden tritt.

Die späteren Evangelien nach Lukas und Johannes erzählen anders. Lukas ersetzt das Wort „geißeln, auspeitschen" durch „züchtigen". Das schwächt ab und klingt milder. Zudem erfahren wir nur noch von der Absicht des Pilatus, Jesus züchtigen zu lassen. Sie wird übrigens im 23. Kapitel zweimal erwähnt, in den Versen 16 und 22: „Daher will ich ihn (nur) züchtigen lassen und dann freigeben." Jedenfalls will Pilatus einen Menschen „züchtigen" lassen, um die Menge zu beruhigen. Er kündigt diese Strafe an, obwohl er von der Unschuld Jesu überzeugt ist und dies auch öffentlich zugibt.

Im Johannesevangelium scheint die Geißelung ebenfalls selbständige Strafe eines Unschuldigen zu sein. Grundlos wird Jesus ausgepeitscht. Dann stellt Pilatus den Geschundenen und Verletzten vor. Sieht Pilatus in der Geißelung tatsächlich eine letzte Möglichkeit, Jesus zu retten? Wie kann er glauben, daß die Ankläger mit der Geißelung zufrieden sind? Erwartet Pilatus das Mitleid der Menge? Will er, der die Macht hat freizulassen oder zu kreuzigen, Jesus freikaufen? Hat er das nötig? Braucht er für sein Handeln die Zustimmung des Volks? Was gilt bei ihm, dem Judenfeind, schon die Meinung dieser Menschen?

Vielleicht sollten wir die beiden Szenen nach Johannes einzeln betrachten wie zwei Glasfenster einer mittelalterlichen Kathedrale. Dort der verspottete König. Hier der geschundene Mensch. Und dann werden unsere Gedanken sich mit den Bildern beschäftigen. Solche Bildbetrachtung ist ganz im Sinn des vierten Evangelisten. Wir sehen die Farben. Das leuchtende Rot des Mantels Jesu markiert die Mitte. Wir forschen nach der Aussage und merken, daß es dem Erzähler nicht um historischen Bericht geht. Immer neu stellt er uns Jesus vor. Er wird in seinem Königtum verhöhnt, in seinem Menschsein nicht angenommen und im Unglauben verworfen: „Wir haben keinen König außer dem Kaiser" (Joh 19, 15). Der Evangelist stellt seine Leser vor die Entscheidung. Aus der Frage nach der Schuld an Jesu Tod wird die Frage nach Glaube oder Unglaube.

2. Die Kreuzesstrafe

Erste Vorformen

Getötete werden nach-
träglich an Pfähle gehängt.

Die Leute von Gibeon, einer Kultstadt nördlich von Jerusalem, brennen auf Rache an Sauls Geschlecht. Ein Orakelspruch veranlaßt David, den Gibeoniten sieben Söhne des ersten israelitischen Königs auszuliefern. Kurz und hart berichtet das zweite Samuelbuch vom Schicksal der Prinzen: „Diese pfählten sie auf dem Berge vor dem Herrn" (21, 9). Droben vor dem Heiligtum bleiben sie hängen vom Anfang der Gerstenernte bis zum nächsten Regen.

Der Text sagt nicht, ob die Söhne Sauls lebendig aufgespießt wurden. Vielleicht haben die „Holzhacker und Wasserträger" von Gibeon die Leichname zur Schau gestellt wie einst die Philister den gefallenen Saul. Dieser Brauch begegnet auch an anderen Stellen der Bibel.

Der Leichnam eines Erschlagenen oder Hingerichteten wird an einen Pfahl oder an einen Baum gehängt. Seine Gegner kosten ihren Sieg aus. Gleichgesinnte sollen abgeschreckt werden. Das Aufhängen am Pfahl schändet den Toten oder stellt ihn gar unter einen Fluch: „Ein Gehängter ist von Gott verflucht" (Dtn 21, 23).

Josua soll den König der Stadt Ai bis zum Abend an einen Pfahl gehängt haben (Jos 8, 29). Nun sagt uns die moderne Bibelauslegung, jene Erzählung sei kein geschichtlicher Bericht. Die Archäologen weisen nach: Zur Zeit der Landnahme stand in Ai kein Haus; der Hügel war unbesiedelt; kein König regierte hier. Das entwertet die angeführte Stelle nicht. Als die Sage von der Eroberung der Stadt Ai sich bildete und weitergesagt wurde, kannten die Kinder Israels das Pfählen Getöteter.

Das gleiche Los wird von den fünf Königen berichtet, die Josua nach der Schlacht von Gibeon gefangen und getötet hat:

> Sie brachten jene Könige vor Josua. Dieser berief alle Männer Israels. Zu den Obersten des Heeres, die mit ihm gezogen waren, sagte er: Tretet vor! Setzt diesen Königen den Fuß auf den Nacken! Sie traten vor und setzten ihnen den Fuß in den Nacken . . . Darauf ließ Josua sie totschlagen und an fünf Pfähle hängen. Und sie hingen an den Pfählen bis zum Abend.
>
> Josua 10, 24—26

116

Die Gesetzessammlung, die im fünften Buch Mose, dem Deuteronomium, zusammengestellt ist, setzt den Brauch voraus. Dort wird eigentlich nur die Frage behandelt, wann ein Gepfählter begraben wird: „Wenn jemand ein todeswürdiges Verbrechen begeht und getötet wird und du ihn an den Pfahl hängst, so darf sein Leichnam nicht über Nacht am Pfahl bleiben, sondern du sollst ihn am gleichen Tag begraben" (Dtn 21, 22—23a).

Das Pfählen Getöteter kennen wir von den Assyrern. Auf den Relieftafeln aus dem Palast ihres Königs Sanherib sehen wir drei Gepfählte. Hier begegnen wir gleichsam einer Vorform der Kreuzesstrafe.

117

„Am Kreuz gestorben"

Der traurige Ruhm, die Kreuzesstrafe erstmals in größerem Maße vollzogen zu haben, gebührt den Persern. Als Dareios Babylon erobert hatte, schleifte er die Mauern, riß alle Tore ein und kreuzigte die Oberhäupter der Stadt. Der griechische Geschichtsschreiber Herodot (5. Jahrhundert vor Christus) nennt „gegen 3000 Menschen". Übrigens haben die Perser die Kreuzigung wohl aus einem frommen Grund erfunden. Sie wollten die Erde nicht durch den Körper eines toten Verbrechers „unrein" machen. Schließlich war diese ihrem Gott Ahura Mazda, „dem weisen Herrn", geweiht.

Wenige Monate nach dieser Massenkreuzigung, im Sommer des Jahres 519 vor Christus, erläßt Dareios ein Edikt für Palästina, das unter persischer Herrschaft steht. Vorausgegangen war ein Besuch des Satrapen von Transpotamien in Jerusalem. Dort wird gerade der Tempel wieder aufgebaut. Der hohe Beamte — das Buch Esra in der Bibel nennt ihn Tattenai — erkundigt sich nach der Baugenehmigung und den verantwortlichen Bauherren. Schließlich schreibt er in dieser Sache an den persischen Hof. Dareios antwortet im Kanzlei-Aramäisch. Sein Dekret ist in der Originalfassung erhalten:

> Darum, Tattenai, Statthalter des Gebiets Transpotamien, Schetar-Bosnai und eure Amtsgenossen, die Beamten von Transpotamien: Haltet euch aus der Sache heraus. Laßt die Arbeit an jenem Gotteshaus weitergehen. Der Statthalter der Juden und ihre Ältesten mögen das Gotteshaus an seiner früheren Stelle wieder aufbauen! Auch ordne ich an, wie ihr die Ältesten der Juden dort beim Bau jenes Gotteshauses unterstützen sollt: Aus den königlichen Einkünften, die Transpotamien aufbringt, sollen jenen Männern pünktlich die Kosten bezahlt werden, damit sie nicht aufgehalten werden. Auch ist ihnen jeden Tag ohne Versäumnis zu liefern, was nach den Angaben der Priester von Jerusalem an Stieren, Widdern und Lämmern als Brandopfer für den Gott des Himmels benötigt wird, auch Weizen und Salz, Wein und Öl. So mögen sie dem Gott des Himmels wohlgefällige Opfer darbringen und auch für das Leben des Königs und seiner Söhne beten! Schließlich befehle ich: Jedem, der diesen Erlaß mißachtet, reiße man einen Balken aus seinem Haus und pfähle ihn auf diesem Balken; sein Haus soll wegen seines Vergehens zu einem Trümmerhaufen gemacht werden! Der Gott aber, der seinen Namen dort wohnen läßt, vernichte jeden König und jedes Volk, die sich unterfangen, den Erlaß zu mißachten und jenes Gotteshaus in Jerusalem zu zerstören! Ich, Dareios, habe den Befehl gegeben; man befolge ihn genau!
>
> Esra 6, 6—12

Wer den Tempelbau in Jerusalem hindert, wird gekreuzigt! Im Zusammenhang mit dem Tempel ist erstmals von der Kreuzesstrafe in Palästina die Rede. 549 Jahre später wird ein Mann ans Kreuz geschlagen, der den Untergang des Tempels angekündigt hatte. Ob die Perser jüdische Untertanen in Palästina gekreuzigt haben, wissen wir nicht.

Das Kreuz kommt in den Westen.

Die Phönizier verbreiten diese Form der Todesstrafe im ganzen Mittelmeerraum. Sie wird in ihren Kolonien und damit auch in Karthago vollstreckt. Von den Puniern übernehmen später die Römer das neue Marterwerkzeug und nennen es crux — „Kreuz".

Zuvor schon bedient sich der jugendliche Held, den wir Alexander den Großen nennen, dieser grausamen Hinrichtungsart. Im August 332 kapituliert vor ihm nach siebenmonatiger Belagerung die phönizische Stadt Tyros. Der Sieger schickt 30 000 Überlebende, meist Frauen und Kinder, auf die Sklavenmärkte. Zweitausend wehrfähige Männer läßt der mazedonische Herrscher an der Mittelmeerküste kreuzigen.

Etwa 250 Jahre später befiehlt der Hasmonäerfürst Alexander Jannai, König und Hoherpriester der Juden, 800 aufständische Landsleute mitten in Jerusalem ans Kreuz zu binden und vor deren Augen ihre Frauen und Kinder abzuschlachten.

Im Jahr 63 vor Christus hält der berühmte Redner und Anwalt Marcus Tullius Cicero auf dem Forum Romanum seine Rede für C. Rabirius. Dieser Rabirius steht unter der Anklage, er habe als Statthalter einer Provinz

Alexander der Große, Kriegsheld und Welteroberer, ließ Tausende kreuzigen.

römische Bürger kreuzigen lassen. Das wird ihm als schwere Rechtsverletzung angekreidet. Nur Nichtbürger dürfen zur Kreuzesstrafe verdammt werden. Cicero sagt wörtlich:

**Ein Plädoyer
gegen das Kreuz**

> Misera est ignominia iudiciorum publicorum, misera multatio bonorum, miserum exsilium; sed tamen in omni calamitate retinetur aliquod vestigium libertatis. Mors denique si proponitur, in libertate moriamur, carnifex vero et obductio capitis et nomen ipsum crucis absit non modo a corpore civium Romanorum sed etiam a cogitatione, oculis, auribus. Harum enim omnium rerum non solum eventus atque perpessio sed etiam condicio, exspectatio, mentio ipsa denique indigna cive Romano atque homine libero est.
>
> Elend ist die Schande der öffentlichen Prozesse, elend die Vermögensstrafe; aber dennoch bleibt bei allem Unheil irgendeine Spur von Freiheit erhalten. Wenn schlußendlich der Tod angedroht wird, wollen wir wenigstens in Freiheit sterben. Aber Henker, Verhüllung des Hauptes und das bloße Wort Kreuz soll ferne bleiben vom Leib der römischen Bürger, von ihren Gedanken, ihrem Auge, ihrem Ohr. Denn all diese Dinge sind eines römischen Bürgers und freien Menschen unwürdig: nicht nur, daß es sie gibt und daß sie erlitten werden, sondern daß sie zulässig sind, daß man sie erwartet, ja schließlich, daß sie erwähnt werden.
>
> Cicero, Pro C. Rabirio Oratio 16

Ein anständiger Römer redet nicht einmal über das „crudelissimum teterrimumque supplicium", über diese „grausamste und fürchterlichste Todesstrafe". So urteilt ein Römer!

**Die Kreuzesstrafe in
den Provinzen
des Römischen Reichs**

Doch in den Provinzen scheint die Kreuzesstrafe den Römern gerade das rechte Mittel zu sein, Ordnung und Ruhe zu sichern. Quintilius Varus, vor seiner Niederlage im Teutoburger Wald Statthalter Syriens, bringt 2000 Juden, die einen Aufstand angestiftet hatten, ans Kreuz. Um das Jahr 50 nach Christus läßt einer seiner Nachfolger, Ummidius Quadratus, gefangene Juden in der palästinischen Hafenstadt Cäsarea kreuzigen. Unter Felix, dem römischen Landpfleger in Judäa, steigt „die Zahl der gekreuzigten Räuber und der Einwohner, denen eine Verbindung mit diesen nachgewiesen werden konnte und die er darum bestrafte, ins Ungeheure"[6].

Während der Belagerung Jerusalems (69 bis 70 nach Christus) schlagen die Soldaten des Titus Ungezählte ans Kreuz, die sich nicht widerstandslos festnehmen lassen. Die Suche nach etwas Eßbarem hatte diese Menschen veranlaßt, die Stadt zu verlassen. Ihr Hunger trieb sie in die Arme der römischen Wachen.

Wenn sie aber gefaßt wurden, wehrten sie sich gewöhnlich aus ihrer Notlage heraus. Da es ihnen nach einem Kampf schon zu spät zu sein schien, noch um Gnade zu flehen, wurden sie gegeißelt, durch Mißhandlungen aller Art vor ihrem Tod gefoltert und schließlich der Mauer gegenüber gekreuzigt . . . Die Soldaten aber trieben voller Wut und Haß ihren Spott mit den Gefangenen, indem sie jeden in einer anderen Stellung ans Kreuz nagelten. Bald fehlte es an Platz für die Kreuze und an Kreuzen für die Leiber. So viele waren es.

Flavius Josephus, Jüdischer Krieg 5, 11, 1

Unter den Verteidigern der Festung Machärus über dem Ostufer des Toten Meeres zeichnet sich ein junger Mann namens Eleazar besonders aus. Seine Tollkühnheit wird ihm zum Verhängnis.

Eines Tages nun – der Kampf war schon entschieden und man zog sich bereits auf beiden Seiten zurück – blieb Eleazar allein vor den Toren. Er wollte den Feinden zeigen, wie wenig er von ihnen hielt. Auch glaubte er, keiner der Feinde würde erneut den Kampf aufnehmen. Er begann mit den Juden auf der Mauer zu plaudern. Bald war er ganz im Gespräch vertieft. Diese günstige Gelegenheit erkannte einer im römischen Heer, der Ägypter Rufus. In einem Augenblick, als keiner mehr damit rechnete, stürzte er plötzlich herbei und hob den Mann samt seiner Rüstung empor. Die Zuschauer auf der Mauer waren noch vom Entsetzen gelähmt, da hatte er ihn bereits ins römische Zeltlager getragen. Der Feldherr befahl, den Jüngling nackt auszuziehen, ihn an einem Ort aufzustellen, wo er für alle, die von der Stadt herüberblickten, möglichst gut sichtbar war, und ihn mit Geißeln auszupeitschen. Heftig packte die Juden das Mitleid mit dem jungen Mann. Die ganze Stadt begann zu wehklagen. Die Trauer war weit größer, als dies der Verlust eines einzigen Mannes eigentlich erlaubt hätte. Bassus erkannte diese Stimmung unter den Feinden und nahm sie zum Anlaß einer Kriegslist. Er beschloß, ihren Schmerz so sehr zu steigern, daß sie sich schließlich gezwungen fühlen sollten, um der Rettung des Mannes willen die Festung zu übergeben. Bassus täuschte sich nicht in dieser Hoffnung. Er befahl nämlich, ein Kreuz aufzurichten, als wolle er Eleazar auf der Stelle hängen lassen. Das vergrößerte den Schmerz bei den Zuschauern auf der Mauer. Sie jammerten laut und riefen, solches Leiden sei nicht zu ertragen. Obendrein flehte nun auch noch Eleazar sie an, es nicht mit anzusehen, daß er die erbarmungswürdigste Todesart erleiden müsse. Sie

Wie die Römer geißelten und eine Kreuzigung vorbereiteten.

121

sollten vielmehr sich selbst retten, indem sie sich der Macht und dem Geschick der Römer beugten, da diese ja ohnehin bereits alle in ihren Händen hätten. Durch seine Worte waren die Juden zutiefst erschüttert. Als aber auch noch viele innerhalb der Mauern sich für ihn einsetzten — er stammte nämlich aus einem berühmten und weitverzweigten Geschlecht — ließen sie sich entgegen ihrer eigentlichen Natur zum Mitleid hinreißen. Und so verhandelten sie in aller Eile durch Abgesandte mit den Römern über die Übergabe der Festung. Sie forderten für sich, unbehelligt zusammen mit Eleazar abziehen zu dürfen. Die Römer aber und der Befehlshaber nahmen den Vorschlag an.

Flavius Josephus, Jüdischer Krieg 7, 6, 4

Der Ort des Geschehens ist uns bekannt. Auf der Feste Machärus tanzte Salome vor Herodes Antipas und verlangte den Kopf des Täufers. Die Szene, die uns Flavius Josephus schildert, läßt einige Einzelheiten deutlich werden, die wir in den bisherigen Berichten vermißten. Jetzt erleben wir erstmals, wie eine Kreuzigung vorbereitet wird.

Ein Vergleich mit dem Leiden Jesu liegt nahe.

Vor der Strafe wird Eleazar völlig entkleidet, dann gegeißelt. Schließlich wird der Längsbalken für ein Kreuz aufgerichtet. Nach römischem Brauch wird der Verurteilte nackt gekreuzigt. Wir hören nichts von einem Schamtuch. Ob Pilatus auf jüdisches Empfinden mehr Rücksicht genommen hat als der Feldherr Bassus, wissen wir nicht. Noch ein Zweites läßt sich beobachten: Das Kreuz — genauer: der Längsbalken — wird aufgerichtet, ehe der Todeskandidat angenagelt oder angebunden ist.

3. Sie führten ihn hinaus

Zwei Stationen des Kreuzwegs sind bekannt: Prätorium und Golgota. Am ehemaligen Herodespalast laden die Soldaten Jesus das patibulum, den Querbalken des Kreuzes, auf. Vielleicht binden sie ihn an seinen ausgespannten Armen fest. Ein Hauptmann und vier Legionäre führen ihn ab. Sie wählen nicht den kürzesten Weg zum nahegelegenen Stadttor. Sie ziehen durch belebte Gassen. Die Bewohner sollen abgeschreckt werden: So geht es jedem Rebellen! — Rom demonstriert seine Macht an einem Ohnmächtigen.

Die Gassen, durch die Jesus den Querbalken seines Kreuzes getragen hat, sind verschwunden. Seit jener Zeit ist die Stadt vielfach umgestaltet worden. Der Raster des Straßennetzes hat sich verändert. Kaiser Hadrian hat um 135 nach Christus der Siedlung einen neuen Grundriß aufgezwungen. Das alte Pflaster liegt unter meterhohem Schutt. Den winkligen Treppenweg, der heute den Namen „Via dolorosa — Schmerzensweg"

**Auf dem Weg zur Grabes-
kirche in Jerusalem.
Der kleine Torbogen im
Hintergrund führt auf
den Vorplatz.**

trägt, hat Jesus nicht gekannt. Er führt durch ein Gebiet, das damals noch nicht in die ummauerte Stadt einbezogen war.

Wir kennen weder den genauen Verlauf der Stadtmauer noch die Lage aller Tore. Kein alter Bericht sagt uns, über welche Schwelle Jesus den Kreuzesbalken getragen hat. Auch die Stelle ist nicht überliefert, wo die Soldaten die Last dem Simeon aus Zyrene schulterten. Die Gestalt dieses Mannes, der Jesus das Kreuz nachtrug, scheint mir unerfindlich. Die junge Kirche kannte sogar seine beiden Söhne mit Namen:

> Einen Mann, der gerade vom Feld kam, Simeon von Zyrene, den Vater des Alexander und Rufus, zwangen sie, sein Kreuz zu tragen.
> Markus 15, 21

Wer heute den Spuren des geschichtlichen Kreuzwegs Jesu folgt, besucht auch das russische Alexander-Hospiz. Es liegt hundert Schritte östlich der Grabeskirche. Dort wird ihm gesagt: „Die Steinschwelle, die Sie unter dieser Glasabdeckung sehen, gehörte zu jenem Tor, durch das Jesus sein Kreuz nach Golgota getragen hat." Zweifellos stehen wir dort vor einer alten Torschwelle. Wir sehen Aussparungen für Türangeln und Riegel. Links von ihr erhebt sich eine massive Mauer. Gehörte sie zur Stadtmauer des alten Jerusalem? Umschloß sie den Bezirk des römische Forum oder das Heiligtum, das der römische Kaiser Hadrian um 135 nach Christus der Göttin Venus errichten ließ? Führte gar diese Schwelle zu ihrem Tempel? Ganz sicher hat Kaiser Konstantin die mächtige Mauer mit den gut behauenen Quadern in die Fassade seiner Grabeskirche einbezogen. Wohin die Schwelle im russischen Kloster eigentlich führte, könnte nur eine gründliche archäologische Untersuchung zeigen. Sie läßt aus verschiedenen Gründen auf sich warten.

Der Zug zieht zur Stadt hinaus. Eine Tafel, die Jesus vorangetragen wird, nennt den Zuschauern Name, Herkunft und Schuldtitel: Jesus – Nazarener – Judenkönig.

Die Stationen des geschichtlichen Kreuzwegs Jesu sind nur teilweise gesichert.

4. Golgota – der Schädel

Ein schmales Tor führt aus dem Gewirr enger Basarstraßen auf den Platz vor der Grabeskirche. Eine romanische Fassade mit einem Doppelportal erhebt sich vor dem Betrachter. Links steht etwas breit und gedrungen der niedere Turm. Die Kirche liegt mitten im Christenviertel der Jerusalemer Altstadt, innerhalb der Mauern. Das verwirrt zunächst. Schließlich sagt der Hebräerbrief: „Deshalb hat auch Jesus, um durch sein eigenes Blut das Volk zu heiligen, außerhalb des Tores gelitten" (13, 12). Das Johannesevangelium redet von einem Platz nahe bei der Stadt (vgl. 19, 20). Römisches und jüdisches Recht dulden keine Hinrichtung innerhalb der Mauern.

Doch unsere Schwierigkeit ist rasch geklärt. Der Bezirk mit Golgota ist erst unter Herodes Agrippa (41—44 nach Christus) in die Stadtmauern einbezogen worden. Zur Zeit Jesu gab es hier noch Gärten. An verschiedenen Stellen waren Grabkammern aus dem Fels gemeißelt worden. Der Bezirk Golgota ließ noch seine Schädelform erkennen, die ihm den Namen eingetragen hat. Wann die linsenförmige Kuppe, eine Vorterrasse des Höhenrückens im Nordwesten Jerusalems, erstmals so bezeichnet wurde, wissen wir nicht. Nachdem das aramäische Golgolta einmal an diesem kleinen Bezirk haftete, behielt er seinen Namen. Flurbezeichnungen halten sich durch Jahrhunderte. Der Volksmund bewahrt sie — ganz oder verstümmelt. In unserem Fall ließ der Sprachgebrauch das zweite „l" fallen.

Nebenbei bemerkt

Seite 127:
Die Kapelle auf Golgota. Die Frauen stehen nahe der Stelle, wo das Kreuz Jesu gestanden hat.

Ich habe behauptet, daß sich die Namen von Orten, Stätten und Landschaften durch Jahrhunderte erhalten. Schlagender Beweis dafür ist die Erfahrung des Amerikaners Eduard Robinson. Er lebte im letzten Jahrhundert. Ein Zeitgenosse nennt ihn „schroff wie die Silhouette des Libanon". Jedenfalls hat dieser Mann die moderne Palästinologie begründet, obwohl er nur zweieinhalb Monate in Palästina war. Allerdings hatte er seinen Besuch gründlich vorbereitet. Fünfzehn Jahre lang hatte er die Berichte früherer Heiliglandfahrer studiert. Dann erscheint er im Land der Bibel und identifiziert einen Ort nach dem andern. Er geht nach einer ganz einfachen Methode vor. Er frägt die Einheimischen nach dem Namen einer Siedlung, berücksichtigt die kleinen Lautverschiebungen durch die Jahrtausende und hört den Gleichklang mit den biblischen Bezeichnungen. Er kommt nach el-dschib und sagt „Gibeon". Das Dörflein anata ist zweifellos Anatot, die Heimat des Propheten Jeremia. El-bire neben Ramallah erinnert deutlich an Beerot. Allein in einem Tag kann Robinson 8 Orte um Jerusalem identifizieren. Wir könnten weitere Beispiele suchen. Sie alle würden zeigen, wie hartnäckig Namen beibehalten werden. Die Einheimischen vergessen sie auch dann nicht, wenn Griechen und Römer sie durch schönere und klingendere Namen ersetzt haben. So hat sich auch Golgota erhalten, obwohl eine gewaltige Aufschüttung die Kuppe verbarg und die römischen Legionäre und Veteranen vom Forum oder vom Templum Veneris redeten.

Fast zweihundert Jahre war Golgota verschüttet und hinter den hohen Mauern verschwunden, die den Bezirk des Venustempels umgaben. Denn gerade an dieser Stelle hat Kaiser Hadrian eines der Heiligtümer seiner Kolonie Aelia Capitolina bauen lassen. Die Erinnerung überdauerte. Als Kaiser Konstantin es als seine Pflicht ansah, „die hochheilige Stätte der Auferstehung des Erlösers in Jerusalem dem Blick und der Verehrung aller

darzubieten", wurde hier gegraben, die mächtige römische Aufschüttung abgetragen und der Fußboden der Zeit Jesu wieder erreicht. Ein Pilger aus Bordeaux war während der Arbeiten an der neuen Kirche in Jerusalem. Er sah wieder „den Hügel Golgota, wo der Herr gekreuzigt" und „in einem Steinwurf Entfernung die Krypta, in die sein Leichnam gelegt wurde". Wer heute Golgota sucht, sieht zunächst nur die Mauern, Portale und Fenster der Grabeskirche. Er muß sich sagen lassen, daß rechts vom Eingang im ersten Stock die Golgotakapelle sei. Schon Konstantin hat den großen quaderförmigen Felsklotz wieder freigelegt, der einst im Steinbruch des 6. vorchristlichen Jahrhunderts aufragte. Auf ihm wurde bei der Weihe der ersten „Grabeskirche" am 22. September 335 ein Gedächtniskreuz erhöht. Kreuz und Golgotafels lagen unter freiem Himmel. Ein Säulengang verband sie mit einer großen fünfschiffigen Basilika und dem Rundbau über dem Grab Jesu.

An dieser Stätte feiert die Kirche Jerusalems ihre Karfreitagsliturgie. Hier bildet sich die Urform, die später von anderen Gemeinden übernommen wird. Die neugierige und schwatzhafte Nonne Egeria — auch Ätheria genannt — schildert uns diesen Gottesdienst. Sie hat ihn auf einer Pilgerfahrt um das Jahr 400 selbst miterlebt:

„Sobald aber die sechste Stunde gekommen ist, geht man vor das Kreuz, ob es regnet oder heiß ist, weil der Platz unter freiem Himmel liegt . . . Dort also sammelt sich alles Volk.

Dem Bischof aber wird der Stuhl vor das Kreuz gestellt, und von der sechsten bis zur neunten Stunde geschieht nichts anderes, als daß Lesungen folgendermaßen gehalten werden: zuerst wird aus den Psalmen vorgelesen, wo immer man von der Passion spricht; es wird auch aus den Aposteln — sei es den Briefen der Apostel oder der Apostelgeschichte — gelesen, wo immer sie von der Passion des Herrn sprechen und auch aus den Evangelien werden die Stellen verlesen, wo er leidet. Ebenso wird aus den Propheten gelesen, wo sie von den zukünftigen Leiden des Herrn sprechen, ebenso aus den Evangelien, wo vom Leiden die Rede ist.

Und so werden von der sechsten bis zur neunten Stunde immer Lesungen gehalten und Hymnen gesungen, damit allem Volk gezeigt werde, daß alles, was die Propheten über das Leiden des Herrn vorausgesagt haben, nach den Evangelien wie nach den Schriften der Apostel erfüllt worden sei. Und so wird in diesen drei Stunden das ganze Volk belehrt, daß nichts geschehen sei, was nicht vorher angesagt, und nichts angesagt, was nicht ganz erfüllt worden sei. Immer aber werden Gebete eingeschoben, gerade solche, die für den Tag passen. Zu den einzelnen Lesungen und Gebeten erfolgt eine solche Aufregung und ein solches Klagen des ganzen Volkes, daß es staunenswert ist; denn es gibt keinen, ob groß oder klein, der nicht an jenem Tag in den drei Stunden so viel weint, wie man es nicht für möglich halten möchte, darüber, daß der Herr für uns dies alles erlitten habe. Und dann, da die neunte Stunde sich zu nähern beginnt, wird nunmehr jene Stelle aus dem Evangelium nach Johannes gelesen, wo der Herr den Geist aufgibt. Wenn das gelesen ist, folgt ein Gebet und die Entlassung.

Sobald aber die Entlassung vor dem Kreuz erfolgt ist, gehen alle sofort in die größere Kirche, ins Martyrium ... Nach der Entlassung vom Martyrium geht man zur Anastasis (zur Rundkirche Konstantins über dem verehrten Grab Jesu). Und wenn man dort angekommen ist, wird jene Stelle aus dem Evangelium vorgelesen, wo Joseph den Leib des Herrn von Pilatus erbittet und ihn in das neue Grab legt. Nach dieser Lesung erfolgt ein Gebet, gesegnet werden die Taufbewerber und die Gläubigen, dann erfolgt die Entlassung."

Im 12. Jahrhundert haben die Kreuzfahrer den Felsen umbaut, in ihren Kirchenbau einbezogen und auf ihm eine Nebenkapelle errichtet. Eine steile Treppe führt dorthin hinauf. Keiner vermag mehr zu sagen, wo Jesu Kreuz genau gestanden hat. Daß der erhaltene Fels zum „Schädel" gehörte, duldet keinen Zweifel.

Der Dominikaner Ch. Coüasnon, Mönch und Architekt, kennt die Grabeskirche wie kein anderer. Er hat Entscheidendes für ihre Erneuerung getan. Er hat aber auch in die Tiefe gegraben. Im Lauf des Jahres 1961 unternahm er 14 Sondierungsgrabungen. Meistens ließ er bis auf den Fels hinunterbuddeln. So wurde ihm die Geländeform deutlich, die von der Kirche, Auffüllungen und Bodenplatten verdeckt ist. Sein Mitarbeiter M. Terry Ball hat das Gelände von Golgota und um das verehrte Grab Christi im Modell nachgebildet. Auf den ersten Blick gleicht es dem Bild eines Steinbruchs. Und dieser Eindruck täuscht nicht. Ehe Nebukadnezzar 586 Jerusalem eroberte und die Oberschicht in die Verbannung führte, diente dieser Platz als Steinbruch. Das Niveau fällt stufenförmig nach Osten ab. Ein einzelner Felsklotz überragt seine Umgebung um fast elf Meter: Golgota. Zur Zeit

Modell des Areals unter der heutigen Grabeskirche. Das Kreuz steht auf dem Felsen von Golgota, die aufgelegten Bänder bezeichnen den Geländeverlauf zur Zeit Jesu, die Schnüre den Fußboden der Grabeskirche.

129

Jesu bildete er wohl den Kern eines aufgeschütteten kleinen Hügels. Schutt, Abfälle und Humus bedeckten damals den Steinbruch der vorexilischen Zeit. Nur oben auf Golgota lag der Fels bloß, zeigte der Schädel seine Glatze. Und auf der flachen Kuppe Golgota hatten die Römer die Längsbalken der Kreuze errichtet.

Erstmals hat ein Wissenschaftler den Schädel eines Gekreuzigten gefunden und danach ein Porträt gezeichnet.

Gesucht

wird die Schuld
oder das Verbrechen,
das der Abgebildete
auf sich genommen hat.

Die Gesichtszüge sind aufgrund
der gefundenen Schädelknochen
von einem Fachmann nachgezeichnet worden.

Die Nachforschungen haben bisher
folgende Tatsachen ans Licht gebracht:

Name:	Jehohanan ben Hagkol
Rufname:	vielleicht Johanan
Vatername:	Hagkol; sonst unbekannt, schwer zu deuten; vielleicht als Hesekiel (=Ezechiel) zu lesen
Alter:	24 bis 28 Jahre
Größe:	167 cm
Herkunft:	aus gutbürgerlicher, wenn nicht sogar wohlhabender Familie
Beruf:	sicher kein Handarbeiter
Letzter Wohnsitz:	Jerusalem
Todesursache:	Kreuzigung

5. Das Grab eines Gekreuzigten

Am 4. Januar 1971 tickten die Fernschreiber rund um den Erdball. Die erstaunten Empfänger lasen als letzte Neuigkeit aus Jerusalem: Auf einem alten jüdischen Friedhof, nordöstlich der Stadt, wurden soeben die Gebeine eines Gekreuzigten gefunden. Sie waren in einem Ossuar beigesetzt. Der Mann starb zwischen dem vierundzwanzigsten und achtundzwanzigsten Lebensjahr. Er war 1,67 Meter groß. In den Fersenknochen steckt noch ein langer Eisennagel. Die Beine sind absichtlich gebrochen worden.

Die Nachricht stimmt weitgehend. Nur war der Fund gar nicht so neu. Er lag zwei Jahre zurück. Die Wissenschaftler hatten Zeit zur Untersuchung gebraucht. Sie kannten die vielen Berichte über Kreuzigungen zur Zeit der Römerherrschaft über Palästina. Sie kannten den Namen „ihres" Gekreuzigten. Sie konnten gar nicht die voreilige Frage stellen, die dann da und dort aufkam: Hat man in Jerusalem wirklich die Gebeine Christi entdeckt?

Doch lassen Sie mich die Geschichte von vorn erzählen. Nach dem israelisch-arabischen Krieg des Jahres 1967 wird Jerusalem „wiedervereinigt". Das bisher unbebaute Gebiet im Norden Jerusalems wird in die Stadtplanung einbezogen. Bald soll sich rechts und links der Ausfallstraße nach Nablus eine Mauer aus allzu eng aufeinanderstehenden Häusern erheben. Bei den Arbeiten in diesem Bezirk Giv'at Ha-Mivtar werden vier Gräber entdeckt. Da waren kubische Kammern aus dem Fels gehauen worden. In die Wände hatten die Totengräber schmale, längliche Stollen getrieben. Verschiedentlich waren die Gebeine nachträglich in Ossuarien beigesetzt. Die Hälfte der kleinen steinernen Särge war beschriftet. Da lesen wir in aramäischer Quadratschrift etwa: „Simon der Tempelbauer". Wir wissen nicht, welche Funktion dieser Simon beim Bau des Tempels hatte. War er Aufseher, Architekt oder einer der Künstler? Besser läßt sich schon die Frage beantworten, wann Simon der Tempelbauer gelebt hat: in der Zeit, als Herodes der Ältere den Tempel neu gestalten und die Vorhöfe vergrößern ließ, und während dem Fortgang der Bauarbeiten in den ersten Jahrzehnten unserer Zeitrechnung. Simon kann ein Zeitgenosse Jesu gewesen sein. Auch die Namen anderer Toten, die in diesen vier Gräbern ihre letzte Ruhestätte gefunden haben, erinnern uns an die Zeit des Neuen Testaments: Jonatan und Saul, Marta und Salome. In die gleiche Epoche weist ein Öllämpchen, das der Ausgräber im Grab 1 gefunden hat. Es hat die typische Form der herodianischen Zeit.

Mehr als alle Einzelfunde betrifft uns die Entdeckung der Gebeine im Ossuar 4. Erstmals finden Forscher Schädel und Knochen eines Mannes, der vor etwa 2000 Jahren am Kreuz gestorben ist. Der schmucklose Gebeinkasten mißt nur 57 und 34 Zentimeter. Doch er trägt einen Namen: Jehohanan — Johannes, Sohn des Ezechiel. Seine Gebeine hat Dr. N. Haas von der anatomischen Abteilung der Hadassa, der medizinischen Fakultät der Hebräischen Universität, genau untersucht.

Ein überraschender Fund auf dem Baugelände

**Öllämpchen der Zeit Jesu.
Ossuar mit der Inschrift
Jehohanan ben Hagkol.**

In einem Knochen steckt ein siebzehn Zentimeter langer, eiserner Nagel. Ohne Zweifel handelt es sich um das rechte Fersenbein. So sieht es wenigstens zunächst aus. Dann zeigt sich: der Nagel hat die beiden Fersenbeine zusammengeheftet. Die Folterknechte hatten die rechte auf die linke Ferse gepreßt und dann den Nagel mitten durch die Knochen getrieben.

Zwischen rechtem Fersenbein und Nagelkopf blieb ein Rest Akazienholz erhalten. Allem Anschein nach wurden die Füße durch eine Holzleiste zusammen- und an den Kreuzesstamm gepreßt. Als Längsbalken diente ein Olivenstamm. Geringe Spuren von ihm haften noch am Nagel.

**Nagel und Bruchstücke
der Fersenbeine des
gekreuzigten Jehohanan**

Auf dem Foto erkennen Sie, daß die Nagelspitze abgebogen ist. Sie war auf einen Ast gestoßen. Der Nagel steckte nicht sehr tief im Holz. Er

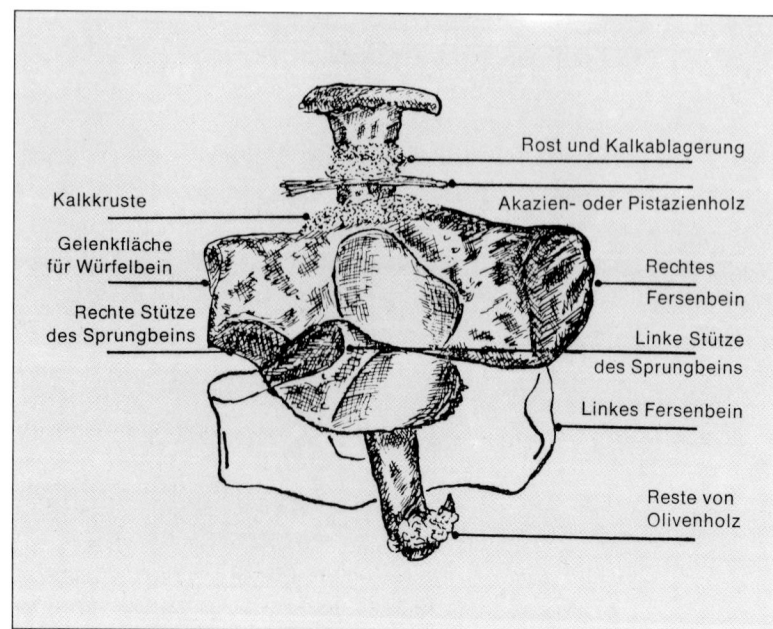

Rost und Kalkablagerung

Kalkkruste

Akazien- oder Pistazienholz

Gelenkfläche
für Würfelbein

Rechtes
Fersenbein

Rechte Stütze
des Sprungbeins

Linke Stütze
des Sprungbeins

Linkes Fersenbein

Reste von
Olivenholz

konnte unmöglich das Gewicht des Körpers tragen. Wir müssen also annehmen, daß der Gekreuzigte an einem Sitzpflock etwas Halt gefunden hat. Sicher verlängerte diese Stütze zugleich den Todeskampf des Verurteilten.

Das untere Drittel des rechten Schienbeins war in lange und spitze Stücke zersplittert. Die Knochen des linken Beines zeigen eine zackige Bruchstelle auf gleicher Höhe. Hier traf Jehohanan die Keule, mit der den Gekreuzigten die Beine zerbrochen wurden. Der kräftige Schlag zertrümmerte die Knochen im vorn liegenden, rechten Bein. Er war so stark, daß er auch noch gleichzeitig das linke Schien- und Wadenbein brach.

Dieser Befund weist uns nochmals auf die Stellung der Beine hin: das rechte deckte das linke. Bei einer Bewegung des Gekreuzigten rieben sich Knöchel und Knie aneinander.

Den brutalen Brauch, Menschen am Kreuz einen „Gnadenschlag" zu geben, erwähnt das Johannesevangelium:

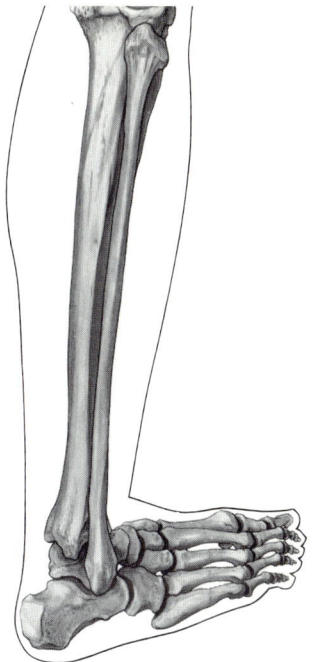

Rechter Fuß. Links unten das Fersenbein; über ihm Sprungbein und Wadenbeinknöchel, rechts: das Würfelbein.

> Weil Rüsttag war und weil die Leiber während des Sabbat nicht am Kreuz bleiben sollten, baten die Juden den Pilatus, man möge den Gekreuzigten die Beine zerbrechen und ihre Leiber abnehmen; denn dieser Sabbat war ein hoher Festtag. So kamen die Soldaten und zerbrachen dem ersten die Beine, dann dem andern, der mit ihm gekreuzigt war.
>
> Johannes 19, 31—32

Der Nagel, der den rechten Arm an den Querbalken heftete, verletzte die rechte Speiche leicht. Die Handwurzelknochen blieben völlig unverletzt. Damit ist klar: die Nägel wurden nicht durch die Handflächen, auch nicht durch die Handwurzeln getrieben. Die Henkersknechte schlugen die geschmiedeten Eisenstifte zwischen Elle und Speiche hindurch an den Querbalken.

6. Dort reichten sie ihm Wein mit Myrrhe vermischt

Der Zug ist am Hinrichtungsort angekommen. Frauen reichen Jesus einen Becher mit Myrrhenwein. So entspricht es jüdischer Sitte. Der Zusatz an bitterem Gummiharz soll den Verurteilten etwas betäuben.

> Rabbi Hija ben Aschi sagte im Namen Rabbi Hisdas: Wenn jemand zur Hinrichtung hinausgeführt wird, reiche man ihm einen Becher Wein, der mit etwas Weihrauch vermischt ist, damit ihm das Bewußtsein verwirrt werde, entsprechend dem Schriftwort (Spr 31, 6): Gebt Rauschtrank dem, der am Untergehen ist, und Wein solchen, deren Seele betrübt ist. Hierzu wird gelehrt, daß vornehme Frauen in Jerusalem dies zu spenden und zu

bringen pflegten. Auf wessen Kosten wird dies nun besorgt, wenn die vornehmen Frauen nicht spenden? Ganz klar, auf Kosten der Gemeinde, denn es heißt (im oben angeführten Vers aus den Sprichwörtern): Gebt, nämlich auf eure Kosten.

Sanhedrin 43 a

Wenn Matthäus später von einem Wein spricht, der mit Galle vermischt war (27, 34), denkt er an Psalm 69, 22 in der griechischen Übersetzung: „Sie gaben mir Galle zu essen, für den Durst reichten sie mir Essig."

Jesus verweigert den Trunk. Bei klarem Bewußtsein will er Schmerzen und Not des Kreuzes erleiden.

7. Dann kreuzigten sie ihn

Der Vorgang der Kreuzigung

Jesus wird entkleidet. Einer der Soldaten stößt ihn brutal zu Boden. Dort liegt das Querholz, das Simon bis hierher getragen hat. Jesu Arme werden auf das Holz gepreßt, die Nägel in den Unterarm geschlagen. Dann ziehen die Soldaten den Querbalken am Stamm hoch, der fest im Boden verankert ist. Sie nageln den Sitzpflock an. Die Knie des Hängenden werden nach links gedrückt. Der rechte Fuß deckt den linken. Hammerschläge treiben den dritten Nagel durch die Fersenbeine.

Noch zweimal wiederholt sich diese Szene. Zwei Verbrecher werden mit Jesus hingerichtet: „Zusammen mit ihm kreuzigten sie zwei Räuber, den einen rechts, den anderen links von ihm" (Mk 15, 27).

Die Soldaten halten Wache. Vielleicht hat auch Kajafas zwei Männer hierher geschickt. Schließlich verlangt jüdisches Recht zwei Zeugen bei der Hinrichtung. Wenn ein Jude im Prozeß überführt ist und gesteinigt wird, handeln zunächst diese Zeugen:

Der Ort der Steinigung war zwei Manneshöhen hoch. Einer der Zeugen stößt ihn ins Kreuz, so daß er auf die Brust zu liegen kam. Dann wendet er ihn auf den Rücken. Stirbt er daran, hat der Zeuge seiner Pflicht genügt. Sonst nimmt er den Stein und gibt ihn auf sein Herz. Stirbt er daran, hat der Zeuge seiner Pflicht genügt. Sonst nimmt der zweite Zeuge den Stein und gibt ihn auf sein Herz.

Traktat Sanhedrin VI 4

Die beiden Zeugen sind auch für das Aufhängen des zuvor Gesteinigten zuständig: „Einer der beiden Zeugen knüpft ihn auf, der andere löst ihn ab" (Sanhedrin VI 5a). Daß amtliche jüdische Zeugen beim Leiden Jesu zugegen waren, läßt sich nicht beweisen. Nach Markus 15, 31 standen die Hohenpriester und Schriftgelehrten beim Kreuz.

8. Die letzten Worte am Kreuz

Verschieden sind die Berichte über die Kreuzigung Jesu in den vier Evangelien. Verschieden sind seine letzten Worte. Markus und Mattäus kennen nur den Ruf der Gottverlassenheit. Lukas und Johannes nennen je drei verschiedene Worte.

Früheste sichere und für seine Zeit einzige Darstellung, die den Gekreuzigten selbst mit porträthaften Zügen und in voller Gestalt zeigt.

Markus	Mattäus	Lukas	Johannes
—	—	Vater, vergib ihnen, denn sie wissen nicht, was sie tun. 23, 34	Frau, dies ist dein Sohn. — Dies ist deine Mutter. 19, 26. 27

Markus	Mattäus	Lukas	Johannes
—	—	Amen, ich sage dir: Heute noch wirst du mit mir im Paradies sein. 23, 43	Ich bin durstig. 19, 28
Eloi, Eloi, lama sabachtani? = Mein Gott, mein Gott, warum hast du mich verlassen? 15, 34	Eli, Eli, lema sabachtani? = Mein Gott, mein Gott, warum hast du mich verlassen? 27, 46	Vater, in deine Hände lege ich meinen Geist. 23, 46	Es ist vollbracht! 19, 30

Seite 137:
Der Gekreuzigte reckt seine Arme zur Höhe. Er schaut den Mann an, der ihn durchbohrt. Dieses hintersinnige Bild schuf Josef Hegenbarth.

Schon diese Worte zeigen, wie die Erzählung allmählich ihre Härte verliert. Der schockierende Psalmvers, den Markus und Mattäus noch anführen, fehlt bei Lukas und Johannes. Das dritte Evangelium hat von seiner ersten Seite an Jesus als Heiland der Sünder gezeichnet. Er tut das bis zuletzt. Dieser Jesus verzeiht den Henkersknechten, dem Räuber an seiner Seite. In seinem Tod weiß er sich ganz in Gottes Liebe geborgen.

Johannes verkündet Jesus als König, der am Kreuz erhöht ist. Für ihn wird der Schandpfahl zum Thron. Jedes Wort, das von dorther kommt, hat einen tiefen Hintersinn. Der Erhöhte selbst bezeugt, daß er diesen Weg gehen wollte. Jetzt hat er den Auftrag des Vaters vollendet: „Es ist vollbracht!"

Die Worte, die Lukas und Johannes bieten, sind hineingebunden in ihr jeweiliges Evangelium. Sie deuten das Geschehen, verdeutlichen die Grundeinstellung Jesu, reden vom Verhältnis des erhöhten Christus zu seiner Kirche.

Die frühe Überlieferung kennt nur ein letztes Wort Jesu am Kreuz.

Anders der Ruf nach Markus: „Eloi, Eloi, lama sabachtani." Aus ihm klingt noch die aramäische Sprachform. So haben die Menschen damals in Palästina, so hat Jesus tatsächlich geredet. Noch ehe Markus den Entschluß faßte, ein Evangelium zu schreiben, bildete der Vers aus Psalm 22 einen Höhepunkt der Passionsgeschichte. Schon die erste Generation der Christen überliefert, daß Jesus mit dem Anfang dieses Klageliedes eines leidenden Gerechten auf den Lippen gestorben ist.[7]

9. Der Tod am Kreuz

Sonne brennt auf den nackten Körper. Der Schmerz der Nagelwunden hält unvermindert an. Die Dehnung der Muskeln führt zu einem Muskelkrampf. Dieser breitet sich schleichend über den ganzen Körper aus. Er beginnt in den Armen und wandert zur Körpermitte. Irgendwann erreicht er die Atemmuskulatur. Der Hängende leidet unter Atemnot. Der Druck des Blutes fällt. Sein Sauerstoffspiegel nimmt ab, der Kohlensäuregehalt steigt. Der Durst wird zur Qual. Das Herz schlägt schneller. Schweiß rinnt über den Körper. Die Körpertemperatur erhöht sich.

Solange seine Kraft reicht, kann der Gekreuzigte sich trotz aller Schmerzen nach oben stemmen und die Muskelspannung in den Armen für kurze Zeit vermindern. Dann atmet er etwas leichter. Doch dieses Aufbäumen kostet Kraft. Schließlich versagen die Beine den Dienst.

Die Atemnot wird drückender. Der Sterbende fühlt würgende Enge. Angst ergreift ihn. Die Durchblutung von Kopf und Herz wird immer schwächer. Der Körper erhält kaum mehr Sauerstoff.[8] Der Schlag des Herzens setzt aus. Der Kopf neigt sich vornüber auf die Brust.

10. Psalm 22 und der Passionsbericht

In den meisten Abschnitten, die wir überdenken und hinterfragen, ist Geschehen und Deutung miteinander verwoben. Die junge Kirche konnte und wollte keinen nackten Tatsachenbericht geben. Sie mußte den Sinn des Geschehens erheben. Sie mußte sich gegen den Vorwurf wehren: „Verflucht ist, wer am Holze hängt." Sicher stand es so im Deuteronomium, im fünften Teil der Tora. Doch dieses Alte Testament kennt andere Stellen. Da spricht es vom Leiden des Gerechten. Jene Verse leisten den ersten Verkündern des Gekreuzigten wertvolle Deutehilfe. In Psalmen und Prophetentexten finden sie Jesu Weg vorgezeichnet. Dort lernen sie verstehen, daß „der Messias all das erleiden mußte" (Lk 24, 26).

Die Passion wird vom Alten Testament her gedeutet.

Das Klagelied eines leidenden Gerechten, eben Psalm 22, klingt immer wieder im Passionsbericht an. Seine Verse wollen etwas über Jesus aussagen. Die ersten Hörer mußten zunächst begreifen: Der hier leidet, ist nicht von Gott verworfen. Im Gegenteil: Er ist der Gerechte, der Gottes Weg geht und von ihm angenommen ist.

Wo immer ein Vers aus diesem Psalm in der Passionserzählung begegnet, sollte er uns an diese wichtige Aussage erinnern. Er ist ein Signal. So will er zuerst verstanden werden. Erst danach können wir fragen, ob und wie der jeweilige Vers auch auf ein Geschehen des Leidensweges anspielt.

Mein Gott, mein Gott, warum hast du mich verlassen,
     bist fern meinem Schreien, den Worten meiner Klage?
Mein Gott, ich rufe bei Tag, doch du antwortest nicht,
     bei Nacht — und finde keine Ruhe.

Aber du bist heilig,
     du thronst über dem Lobpreis Israels!
Auf dich haben unsre Väter vertraut,
     sie haben vertraut, und du hast sie gerettet.
Zu dir riefen sie und wurden befreit,
     auf dich haben sie vertraut und wurden nicht zuschanden.

Ich aber bin ein Wurm und kein Mensch,
     der Leute Spott, vom Volk verachtet.
Alle, die mich sehen, verlachen mich,
     verziehen die Lippen, schütteln den Kopf:
„Er wälze die Last auf den Herrn,
     der soll ihn befreien!
Der reiße ihn heraus,
     wenn er an ihm solch Gefallen hat!"
Du bist es, der mich zog aus dem Mutterschoß,
     mich barg an der Brust der Mutter.
Von Geburt an bin ich geworfen auf dich,
     vom Mutterleib an bist du mein Gott.
Sei mir nicht fern, denn die Not ist nahe,
     und niemand ist da, der hilft!

Viele Stiere umgeben mich,
     Büffel von Baschan umringen mich.
Sie sperren ihren Rachen gegen mich auf,
     reißende, brüllende Löwen.
Hingeschüttet bin ich wie Wasser, /
all meine Glieder haben sich gelöst.
     Mein Herz ist wie Wachs in meinem Leib zerflossen.
Trocken wie eine Scherbe ist meine Kehle, /
die Zunge klebt mir am Gaumen,
     du legst mich in den Staub des Todes.
Denn Hunde umlagern mich, /
eine Rotte von Bösen umkreist mich.
     Sie durchbohren mir Hände und Füße.
Zählen kann man all meine Knochen;
     sie gaffen und weiden sich an mir.
Sie teilen meine Kleider unter sich
     und werfen das Los um mein Gewand.

Das Klagelied eines leidenden Gerechten — Sterbegebet Jesu?

Du aber, Herr, halt dich nicht fern!
  Du, meine Stärke, eile mir zu Hilfe!
Entreiße dem Schwert mein Leben,
  mein einzig Gut aus der Gewalt der Hunde!
Rette mich vor dem Rachen des Löwen,
  vor den Hörnern der Büffel mich Armen!

Ich will deinen Namen meinen Brüdern verkünden,
  inmitten der Gemeinde dich preisen.
Die ihr den Herrn fürchtet, preiset ihn, /
ihr alle vom Stamme Jakobs, rühmet ihn;
  erschauert vor ihm, alle Nachkommen Israels!
Denn er hat nicht verachtet,
  nicht verabscheut das Elend des Armen.
Er verbirgt sein Antlitz nicht vor ihm;
  er hat auf sein Schreien gehört.

Deine Treue ist mein Lob in großer Gemeinde;
  ich erfülle meine Gelübde vor denen, die Gott fürchten.
Die Armen sollen essen und sich sättigen; /
den Herrn sollen preisen, die ihn suchen.
  Aufleben soll euer Herz für immer!
Alle Enden der Erde sollen daran denken /
und werden umkehren zum Herrn,
  vor ihm werden sich niederwerfen alle Stämme der Völker.
Denn der Herr regiert als König;
  er herrscht über die Völker.
Vor ihm allein sollen niederfallen die Mächtigen der Erde,
  vor ihm sich niederwerfen, die im Staube ruhn.
(Meine Seele, sie lebt für ihn;
  mein Stamm wird ihm dienen.)
Vom Herrn wird man erzählen dem Geschlecht der Kommenden, /
seine Heilstat wird man künden dem künftigen Volk;
  denn er hat das Werk getan.

Psalm 22

Seite 141:
Die Künstler konnten und wollten die Kreuzigung Jesu nicht so darstellen, wie sie „wirklich" vollzogen wurde. In der Renaissance diente ihnen der gehängte und geschundene Marsyas als Vorwurf.

Die oben unterstrichenen Sätze begegnen im Passionsbericht der Evangelien. Teilweise sind sie wörtlich angeführt. Stellen wir die Texte einander gegenüber:

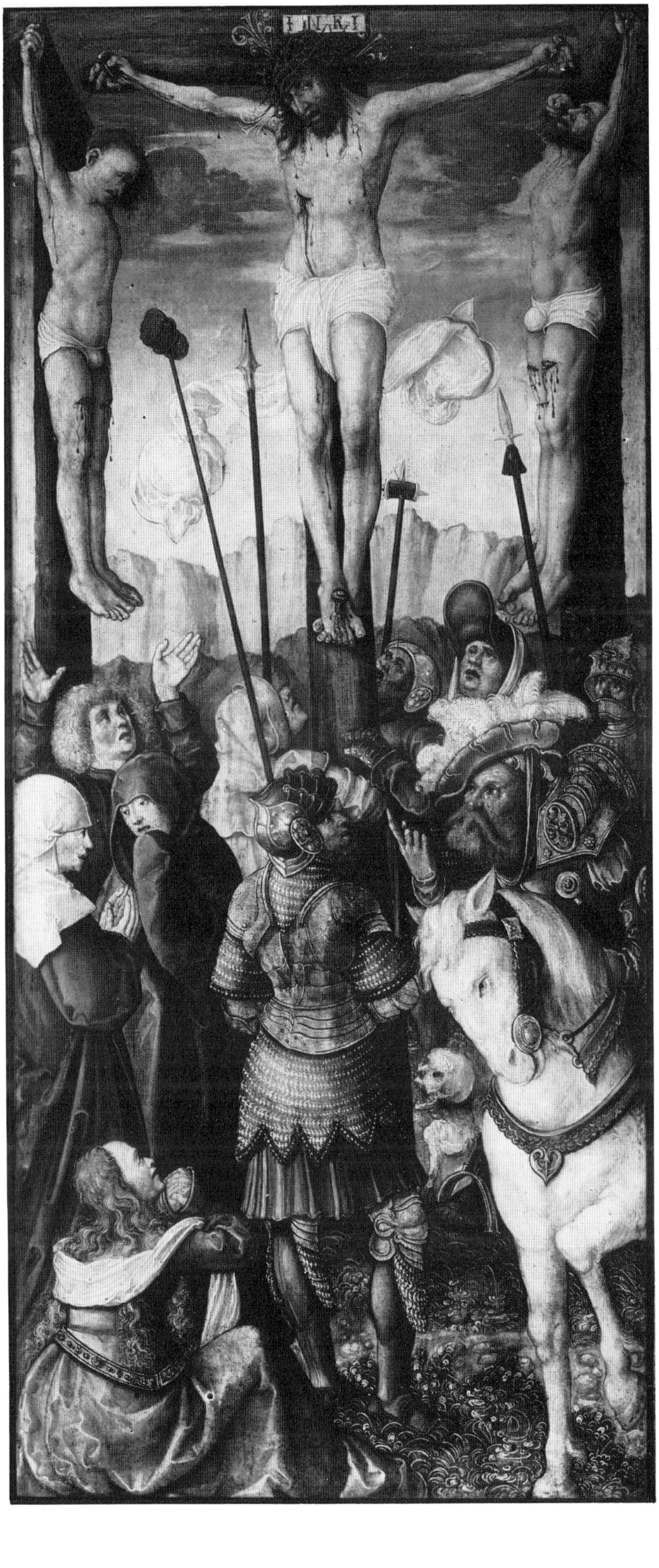
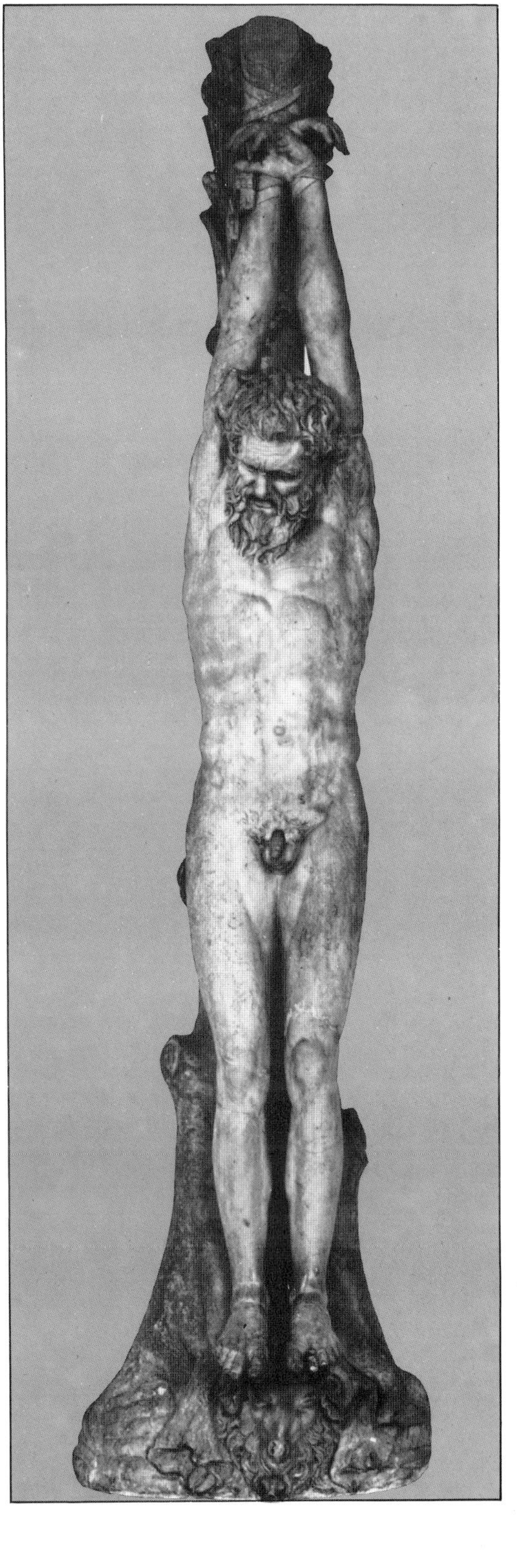

Psalm 22	Evangelien
Mein Gott, mein Gott, warum hast du mich verlassen? Vers 2	Mein Gott, mein Gott, warum hast du mich verlassen? Mk 15, 34 / Mt 27, 46
Alle, die mich sehen, verlachen mich, verziehen die Lippen,	Die Leute, die vorbeigingen, schmähten ihn,
schütteln den Kopf:	schüttelten den Kopf ...
„Er wälze die Last auf den Herrn, der soll ihn befreien! Der reiße ihn heraus,	„Er hat auf Gott vertraut: der soll ihn jetzt retten,
wenn er an ihm solch Ge-fallen hat!" Verse 8 und 9	wenn er ihn liebt." Mt 27, 39 und 43
Sie teilen meine Kleider unter sich und werfen das Los um mein Gewand. Vers 19 = Joh 19, 24 b	Sie warfen das Los und verteilten seine Kleider. Mk 15, 24; vgl. Mt 27, 35

Verlosen der Kleider

Wie gut tatsächliches Geschehen mit Worten des Alten Testaments erzählt werden kann, zeigt der zuletzt angeführte Vergleich. Die Kleider eines zum Tod Verurteilten gehören denen, die ihn hinrichten. So halten es auch die Soldaten des Pilatus. Dieser beiläufige Zug der Erzählung hat für die Gläubigen einen tieferen Sinn. Sie betrachten das Geschehen von Psalm 22 aus. Von dorther verstehen sie, warum ihr Herr leiden mußte. Sein Weg war vorgezeichnet. Von dorther wissen sie, daß er erhört ist: „Er ver-birgt sein Antlitz nicht vor ihm; er hat auf sein Schreien gehört" (Ps 22, 25).

Der Bezug auf Vers 19 unseres Psalms wird bei Mattäus so stark, daß die Kreuzigung als Nebensache erscheint: „Als sie ihn gekreuzigt hatten, warfen sie das Los und verteilten seine Kleider" (27, 35). Johannes schließ-lich bezieht sich ausdrücklich auf das Alte Testament. Im Geschehen auf Golgota erfüllt sich alte Erwartung. Er zitiert den Psalmvers wörtlich und leitet ihn mit der Formel ein: „So sollte sich die Schrift erfüllen" (Joh 19, 24).

IX. Das Grab Jesu

Das verehrte Heilige Grab
inmitten der Rundkirche
Konstantins — durch ein
Fisheye-Objektiv gesehen

1. Ein Bischof deutet den Ort

Kyrillos, Bischof der Kirche von Jerusalem und „Hausherr" im Kirchenkomplex am Fels Golgota, hält im Jahr 348 seine berühmt gewordenen Katechesen. Er selbst führt die Taufbewerber in die christlichen Grundwahrheiten ein und deutet den Neugetauften das Geheimnis der Sakramente. Er spricht dabei auch von der Lage des Grabes Jesu:

143

Genau wollen wir wissen, wo Jesus begraben worden ist. Ist sein Grab von Menschenhänden gemacht? Ragt es nach Art der Königsgräber empor? Ist das Grabmal mit Backsteinen erbaut? Was steht auf demselben? Ihr Propheten, gebt uns genaue Antwort, wo das Grab liegt, wo wir es zu suchen haben!

Sie sagen: „Schauet hinein in den harten Felsen, den ihr ausgehauen habt! Schauet hinein und fürchtet euch!"

In den Evangelien liest du: „In einem ausgehauenen Grab, welches in einen Felsen gehauen war".

Was geschieht? Wie war die Tür des Grabmals?

Ein anderer Prophet sagt: „In der Grube töteten sie mein Leben und legten einen Stein über mich". Ich, „der auserlesene kostbare Eckstein", werde auf einige Zeit unter einen Stein gelegt . . . Willst du auch den Ort wissen?

Im Hohenlied heißt es: „Ich ging hinab in den Nußgarten". Ein Garten war es, wo Jesus gekreuzigt worden war. Wenn sich auch jetzt durch kaiserliche Munifizenz herrliche Bauten erheben, es war doch ehedem ein Garten, und noch sind seine Spuren und Überreste vorhanden.

„Ein eingeschlossener Garten, eine versiegelte Quelle."

Versiegelt von den Juden, die sagten: „Wir haben uns erinnert, daß jener Verführer, da er noch lebte, sagte: Nach drei Tagen werde ich auferstehen. Befiehl also, daß das Grab bewacht werde . . .

Wer aber ist „die versiegelte Quelle"? Wer wird als Brunnen lebendigen Wassers bezeichnet? Es ist der Erlöser selbst. Denn von ihm steht geschrieben: „Bei dir ist die Quelle des Lebens".

Lesen Sie dazu den Auszug aus einer Predigt des Kyrillos auf Seite 152.

Wir staunen und wundern uns! Da steht ein Bischof immer wieder vor dem Grab Jesu. Er selbst berichtet uns, daß die Vorkammer weggeschlagen worden ist. Mit einer großen, sicheren Geste könnte er seine Zuhörer auf das Felsgrab hinweisen: Hier ist Jesu Grab! Hier ist die Quelle des Lebens! Doch er nimmt Verse aus einem Liebeslied, das im Alten Testament überliefert ist. In ihm findet er ein Zeugnis für den Ort, wohin sie ihn gelegt hatten. Hier begegnen wir einer anderen Welt. In ihr gilt die Frage „Wie war das alles damals?" nicht viel. Sie lebt von tiefsinnigen Bildern.

2. Ein altes Bekenntnis

Keine zehn Jahre nach Jesu Tod bekannte die junge Kirche,
daß Christus starb für unsere Sünden
gemäß den Schriften,

144

und daß er begraben wurde
und daß er auferweckt worden ist am dritten Tage
gemäß den Schriften,
und daß er erschien dem Kefas, dann den Zwölfen.

An diese Glaubensformel erinnert Paulus die Korinther in einem seiner Briefe an diese Gemeinde (1 Kor 15, 3b—5). Sicher hat er zuvor über diese Punkte gepredigt. Ausdrücklich wird hier auch vom Begräbnis Jesu gesprochen. Der Gekreuzigte blieb nicht am Kreuz hängen. Er fand ein Grab wie wohl viele andere, die in Judäa den gleichen Tod gestorben sind.

Jesus wird an seinem Todestag begraben.

In anderen Gebieten des römischen Reiches war es gar nicht selbstverständlich, daß Gekreuzigte noch am Todestag begraben wurden. Titus Petronius Arbiter, ein Hofmann des Kaisers Nero, läßt einen „Helden" seines römischen Schelmenromans Satyricon eine makaber-frivole Geschichte erzählen. Greifen wir die Sätze heraus, die von einer Kreuzigung sprechen!

> Da ließ nun der Statthalter der Provinz einige Räuber ans Kreuz schlagen . . . In der Nacht nach der Hinrichtung hielt ein Soldat an den Kreuzen Wache, damit niemand eine Leiche zur Beerdigung herunternehmen könne.
>
> Petron., Satyricon 111

Um die Strafe zu verschärfen, bleiben die Toten öffentlich ausgestellt. In Ägypten etwa werden sie vor einem hohen Fest abgenommen und den Angehörigen übergeben. Immer aber stellt die Freigabe eines Hingerichteten einen Gnadenakt dar. Wie die Verhältnisse in Palästina waren, wissen wir nicht genau. Die Gelehrten sind sich nicht einig in dieser Frage. Da die römischen Behörden die jüdische Religion duldeten, werden sie auch ihren Bestattungsbrauch anerkannt haben. Selbst der unduldsame Präfekt Pontius Pilatus machte hier keine Ausnahme. Das frühe Bekenntnis der christlichen Gemeinschaft weiß sicher, daß Jesus begraben wurde.

3. Die evangelische Erzählung

> Da Rüsttag war, der Tag vor dem Sabbat, und es schon Abend wurde, kam Josef von Arimatäa, ein vornehmer Ratsherr, der auch auf das Reich Gottes wartete. Er wagte es, zu Pilatus zu gehen und um den Leichnam Jesu zu bitten. Pilatus war erstaunt zu hören, daß Jesus schon gestorben war. Er ließ den Hauptmann kommen und fragte ihn, ob Jesus bereits tot sei. Als der Hauptmann ihm das bestätigte, überließ er Josef den Leichnam. Josef kaufte Leinen, nahm den Leichnam ab, wickelte ihn in das Leinen

und setzte ihn in einem Grab bei, das in den Fels gehauen war.
Dann wälzte er einen Stein vor den Eingang des Grabes.
Markus 15, 42—46

Ehe Markus zur Rußfeder griff und sein Evangelium auf die Papyrus-
blätter schrieb, hatte der vorstehende, knappe und sachliche Bericht seine
heutige Form gefunden. So erzählten die Lehrer der jungen Kirche vom
Begräbnis Jesu.[9] Sicher dachten sie beim Erzählen an die Botschaft des
Ostermorgens. In ihr ist ja dann wieder von dem gewaltigen Rollstein die
Rede, der die Öffnung des Grabes verschloß.

Wir fragen nach dem, was an jenem Abend geschehen ist. Der Sabbat, der jüdische Ruhetag, beginnt mit dem Aufleuchten des Abendsterns.
Die Menschen in Jerusalem setzen sich zur Mahlfeier zusammen. Ihr Osterlamm ist bereitet. Sie denken an die Befreiung aus der Knechtschaft. Und
am Abend dieses 7. April des Jahres 30 läßt ein Mann, von dem wir zuvor
nie etwas gehört hatten, den toten Leib Jesu vom Kreuz nehmen. Vorher
bestätigt der Hauptmann nochmals amtlich den Tod des Gekreuzigten.
Wie die Kreuzesabnahme vor sich geht, bleibt ungesagt. Wahrscheinlich
können die Helfer die Nägel nahe den Handwurzeln herausziehen. Gelingt
ihnen das auch mit dem eisernen Stift, der in den Fersenknochen steckt?
Bei Jehohanan, dem Sohn des Ezechiel, mußten die Füße durch ein scharfes
Werkzeug von den Beinen abgetrennt werden. Erst dann ließen sie sich
zusammen mit dem Nagel und der Holzlatte vom Kreuzesstamm abnehmen.
Allerdings hatte sich der Nagel in einen Knorren hineingebogen und ließ
sich darum nicht ohne weiteres entfernen.

Zwischen Kreuzabnahme und Begräbnis haben unsere Künstler
Raum geschaffen für eine der ergreifendsten und hintergründigsten Szenen: Jesus wird in den Schoß seiner Mutter gelegt. Der Kreis eines Lebens
schließt sich.

4. Der Grabeigner: Josef von Arimatäa

Die Evangelisten nennen Arimatäa seine Heimat. Damals wird jeder
diese Ortsangabe verstanden haben. Wir müssen raten: meinen sie Rama-
thaim in der Nähe des heutigen Lod; denken sie an Rama einige Kilometer nördlich von Jerusalem?

Markus nennt ihn einen vornehmen Ratsherrn, der auch auf das
Reich Gottes wartete. Bei Mattäus wird er als reicher Mann und Jünger
Jesu eingeführt. Lukas vermerkt ausdrücklich, daß er dem, was die anderen beschlossen und taten, nicht zugestimmt habe. Der Mann hat ein Motiv für sein Handeln, wollen sie uns sagen. Seine Tat läßt uns in die Seele
dieses Josef von Arimatäa blicken. Wenn Jesus am Tag des Paschamahles
gekreuzigt worden ist, verzichtet sein Bestatter auf die Teilnahme. Der
Umgang mit dem Toten macht ihn kultisch unrein. Wieviel Freiheit hat er

Jesus im Schoß seiner
Mutter. Ausdrucksstarke
Pietà des 13. Jahrhunderts

sich erworben! Da begegnet einer, dessen erste Sorge der Mensch ist. Er
hat Jesu Wort begriffen, daß der Sabbat für den Menschen und nicht der
Mensch um des Sabbats willen da ist. Er weiß, daß wir zuerst dem Menschen, dem Menschlichen und nur dessetwegen auch Gesetzen verpflichtet sind. Und Josef von Arimatäa lebt diese Erkenntnis.

Josef ist Mitglied des Hohen Rates. So sagt es Markus. So tönt es bereits in der Erzählung, die er vorgefunden hat. Gehört der Mann aus Arimatäa zur Gruppe der Ältesten im Synedrium? Vertritt er dort ein adeliges Laiengeschlecht? Sitzt er nur als Rat in einer unteren Gerichtsinstanz: in einem Dreierkollegium für vermögens- und zivilrechtliche Fragen oder bei einem Gerichtshof für Strafrechtsfälle? Vielleicht hat die Überlieferung ihm eine höhere Stellung zugesprochen, als er am Todestag Jesu innehatte. Für seine mutige Tat hat er das verdient. Schließlich ging er zu Pilatus. Er riskierte, als Anhänger des verurteilten Judenkönigs angesehen zu werden. Seinem Mut verdankt Jesus das Einzelgrab.

5. Die jüdische Bestattungsordnung

Erst unter dem Patriarchen Jehuda ha-Nasi, dem gelehrten Repräsentanten des Judentums, wurde aus der mündlichen Überlieferung eine offizielle Auswahl getroffen. Das geschah um das Jahr 200 nach Christus.

Die Mischna

Später haben gelehrte Männer diese „Mischna" aufgeschrieben. Sie wurde in sechs große „Ordnungen" eingeteilt. Jede „Ordnung" faßt verschiedene „Traktate" zusammen. Der Traktat über die Gerichtshöfe hat die Christen immer wieder beschäftigt. Hier suchten sie Einsicht in den Prozeß Jesu zu gewinnen. Dort findet sich auch die jüdische Bestattungsordnung für Hingerichtete:

> Man begrabe sie nicht in den Gräbern ihrer Väter, sondern zwei Begräbnisplätze waren seitens des Gerichtshofes eingerichtet: der eine für die Gesteinigten und Verbrannten, der andere für die Enthaupteten und Erdrosselten.
>
> Mischna, Ordnung Neziqin, Traktat Sanhedrin VI 7c

Seite 149:
Das Grabtempelchen, ein künstlicher Bau, kann kaum andeuten, wie Jesu Grab wirklich ausgesehen hat.

Ein Todesurteil wirkt über den Tod hinaus. Erst wenn die Leiche verwest ist, gilt die Schuld als gesühnt. Vorher darf ein Hingerichteter nicht „zu seinen Vätern versammelt" werden. Der Platz im Familiengrab wird ihm zunächst verweigert. Sein Leib wird zwar meist nicht über Nacht unbestattet liegen bleiben. Doch er kommt auf einen öffentlichen Begräbnisplatz. Dort wird er beigesetzt. Ein Jahr später können die Angehörigen seine Gebeine sammeln und in ein Ossuar des Familiengrabs legen.

Nach römischem Brauch und jüdischer Bestattungsordnung hätte Jesus höchstens ein Grab bei Ausgestoßenen gefunden. Die junge Kirche überliefert die Erzählung seines unerwarteten Einzelbegräbnisses und nennt uns als Gewährsmann Josef von Arimatäa.

6. Das „heilige Grab"

Im Mittelpunkt der konstantinischen Rundkirche bezeichnet ein kleines rauchgeschwärztes Tempelchen, verziert mit kleinen Säulen, die Stelle

des Grabes Jesu. Riesige Kerzen stehen davor. Sieben Öllampen halten Wache. Nichts mehr ist übriggeblieben von der überwölbten Steinbank, auf der sein toter Leib lag. Die Vorkammer ist verschwunden und der Rollstein, der den Eingang verschloß.

Blenden wir zurück! Westlich des „Schädels" liegt ein fast ebenes Gartengelände. Dieses endet an einer senkrechten Felsbarriere. Bis dorthin hatten die Steinmetzen Baumaterial aus dem ansteigenden Hügel herausgebrochen. Jetzt wirkt der natürliche Fels wie eine Begrenzungsmauer. Da hinein läßt Josef von Arimatäa sein Familiengrab hauen. Der Eingang ist nieder. Die Rinne davor gibt dem schweren Rollstein eine gewisse Führung. Hinter dem Eingang weitet sich ein kubischer Raum. Eine niedere Tür in der Rückwand führt in die eigentliche Grabkammer. In die Seitenwände sind Nischen gehöhlt. So sind etwa einen Meter über dem Boden mannslange, über einen halben Meter tiefe Steinbänke entstanden, über denen sich der behauene Fels wölbt. Arcosolium oder Bankbogengrab wird man sie später nennen. Das Grab ist unbenützt. Jesus wird als erster in ihm beigesetzt.

Vielleicht ist das Grab später nie mehr benützt worden, obwohl dies bei solchen Felsgräbern das Normale war. Die Gebeine der Verwesten wurden gesammelt und in Gebeinkästchen gelegt. Die Bank unter der Wölbung diente einem weiteren Toten als letzte Ruhestatt. Golgota und das Gartengrab befinden sich nach dem Bau der neuen Nordmauer Jerusalems im Stadtgebiet. Zu irgendeinem Zeitpunkt der Regierung des Herodes Agrippa, irgendwann also zwischen den Jahren 41 und 44 nach Christus, hören die Bestattungen in diesem Bezirk für immer auf.

Wir wissen noch zu wenig vom Leben der judenchristlichen Gemeinden in Palästina. Da und dort stoßen die Archäologen auf ihre Spuren: in Betanien, am Mariengrab im Kedrontal, in Nazaret. Berichte sind selten. Einige Nachrichten können wir aus dem Neuen Testament erschließen. Ohne Zweifel kannte die Kirche Jerusalems das Grab Jesu. In den Erzählungen von Ostern spielt das leere Grab eine wichtige Rolle. Wir haben allen Grund anzunehmen, daß dieses Grab verehrt wurde. Noch mehr! An dieser Stätte feierte die Gemeinde ihr Osterfest. Immer aufs neue ziehen die Frauen zum Grab. In kultischer Feier wird den Gläubigen die Botschaft verkündet: „Erschreckt nicht! Ihr sucht Jesus von Nazaret, den Gekreuzigten, er wurde auferweckt; er ist nicht hier. Seht die Stelle, wohin man ihn gelegt hatte" (Mk 16, 6).

Das Wissen um Jesu Grab überdauerte jene zweihundert Jahre, da die Stätte selbst den Blicken verborgen war.

Diese Höhle des Heils hatten also einige Gottlose und Verruchte vor dem Blick der Menschen zu verbergen beabsichtigt ... Mit viel Mühe bringen sie Erde von irgendwo außerhalb der Stadt her und überdecken die ganze Stelle. Dann häufen sie einen Hügel

auf, belegen ihn mit einem Steinboden und verbergen so die
göttliche Höhle tief unter einer mächtigen Aufschüttung . . .
Danach errichten sie über der Auffüllung ein wirkliches Grab der
Seelen, indem sie einem ausschweifenden Dämon den finsteren
Schlupfwinkel Aphrodites erbauen . . . Wie eine neue Ordnung
aus einer andern hervorgeht, so wurde der Fußboden in der
Tiefe der Erde sichtbar. Dabei erschien auch, wider alle Hoffnung, das erhabene und hochheilige Zeugnis der Auferstehung
des Erlösers wieder. Und die allerheiligste Höhle wurde zum
getreuen Abbild des Wiederauflebens des Erlösers.

So umschreibt der Kirchengeschichtler und Bischof Eusebios von
Cäsarea den Aufbau des hadrianischen Bezirks der Venus und das Wieder-
auffinden des Grabes Jesu unter Konstantin, dessen Zeitgenosse er war.
Die Baumeister Konstantins isolierten das Grab des Josef von Arimatäa
vom umgebenden gewachsenen Fels. Nur ein kleiner Kubus, der eigentliche Grabraum, bleibt stehen. Um ihn bauen sie eine runde Gedächtnis-
kirche mit einem Durchmesser von 38 Metern. In ihrem Zentrum glänzt die
Grabkapelle unter vielfältigem schillerndem Schmuck. Der einfache natür-

forma et dispositio dominici sepulchri

So haben die Pilger im
Mittelalter das Grab Jesu
gesehen.

liche Fels war den Architekten zu nüchtern. Sie deckten ihn zu mit Materialien, die ihnen edler schienen. An allen Orten sollten sie Nachahmer finden. Immer wieder verdeckten Menschen das Einfache, das Gott genügte, mit Marmor, Gold, Phantasie und falscher Frömmigkeit. Übrigens haben die Architekten Konstantins auch den Vorraum des Heiligen Grabes wegschlagen lassen. So verstehe ich wenigstens den Hinweis des Bischofs Kyrillos von Jerusalem in seiner 14. Katechese:

> Welches ist der Ort, an dem der Erlöser aufersteht? Im Hohen Lied heißt es: „Stehe auf, komme meine Freundin!" und weiter: „in einer Felsenhöhle". Felsenhöhle hieß die Höhle, welche seinerzeit sich vor dem Eingang zum Grabmal des Heilandes befand und — wie hier gewöhnlich vor den Grabdenkmälern — aus dem Felsen selbst ausgehauen war. Jetzt sieht man nichts mehr davon, weil die vordere Höhle im Interesse des jetzigen Kunstbaus abgegraben wurde.

Das Grab Jesu wird zerstört.

Im Jahr 1009 hat der Fatimiden-Kalif El Hakim auch das aus dem Felsen gehauene Grab niederpickeln und zerstören lassen. Ein künstlicher Grabbau wird aufgeführt. Der jetzige stammt aus dem Anfang des 19. Jahrhunderts. Ein Kritiker nennt ihn sarkastisch einen Kiosk, der eine Verletzung der einfachsten Baukunst und des natürlichen Geschmacks darstellt. Für die feiernde Gemeinde, vor allem für die orthodoxe, bedeutet er das „lebenspendende Grab". Aus ihm heraus wird in der Osternacht das Osterfeuer, das neue Licht, den gedrängt stehenden Gläubigen gereicht.

7. Ein stummer Zeuge

**Seite 153:
Orthodoxe Osterfeier am Heiligen Grab.
Die Gläubigen reichen das Osterlicht weiter.**

Das Felsgrab des Josef von Arimatäa ist zerstört. Ein koptischer Mönch zeigt auf der Westseite der Grabkapelle die Stelle, wo der Fels noch sichtbar ist. Mancher Besucher versteht nicht, was ihm da gezeigt werden soll. Er sieht einen Silberteller mit Dollarscheinen auf dem Boden stehen, bekommt überraschend eine Kerze in die Hand gedrückt und duftendes Wasser auf den Handrücken gespritzt. Nicht zu Unrecht folgert er, daß er auch eine Spende geben soll. Der Blick auf den Fels entgeht ihm. Und vielleicht vergißt er auch, sich umzuwenden und die Apsiskapelle der Rundkirche zu betreten. Sie „gehört" den Syrern.

Nebenbei bemerkt

Die Grabeskirche ist nach Räumen und Zeiten aufgeteilt. Fünf kirchliche Gemeinschaften besitzen hier ganz bestimmte Rechte. Der Chor der Kreuzfahrerkirche gehört den griechisch-orthodoxen Christen, ebenso die

Nordhälfte der Golgotakapelle und die darunterliegende Adamskapelle. Den Raum vor dem Heiligen Grab, die südliche Golgotakapelle und die Gedächtnisstätte der Kreuzauffindung beanspruchen die Lateiner. Die Kopten haben das Recht, westlich vom Grabtempelchen Gottesdienst zu halten. Den Syrern steht die Apsiskapelle zu. Von ihr aus gelangen wir zu unserem „stummen Zeugen". Der architektonisch geschlossene und harmonische Raum der Helenakapelle ist armenisches „Gebiet". Droben auf dem Dach wohnen die Vertreter der äthiopischen Christen. Sie konnten sich keinen Anteil an den Räumen im Kirchengebäude sichern.

An der Rückseite des Heiligen Grabs weist ein koptischer Mönch auf Reste der urspünglichen Felskammer.

In der Südwand öffnet sich ein niederer und enger Durchgang. Im Flackern einiger Kerzen werden Umrisse deutlich. Der niedere Raum ist aus dem Felsen gehauen. Linkerhand wölbt sich eine Mauer aus Quadersteinen herein. Sie fühlt sich feucht und schmierig an. In den Boden sind zwei längliche Gräben eingetieft. Sie konnten einmal mit einer Steinplatte verschlossen werden. Die Fuge ist noch deutlich zu sehen. An der Südseite sind zwei Öffnungen zu erkennen: Schiebestollen! Wir stehen in einer Grabkammer. Sie muß ursprünglich etwas mehr als zwei Meter breit und lang gewesen sein. Die Baumeister Konstantins zogen die Mauer ihrer Rundkirche durch die Kammer und schneiden sie vom ursprünglichen Zu-

Auf dem Dach der Grabeskirche — die Kuppel wölbt sich über der Helenakapelle — leben äthiopische Mönche.

gang im Osten ab. Die Grabanlage war ohnehin nicht mehr benutzt worden, seit Herodes Agrippa dieses Gebiet — zusammen mit anderen Teilen Jerusalems — in den Mauerkranz einbezogen hatte. Bis zum Beginn des fünften Jahrzehnts unserer Zeitrechnung wurden hier Tote beigesetzt. Auf drei Seiten der Grabkammer fanden sich jeweils drei Schiebestollen. Ein Zweitgrab für die Gebeine und zwei weitere Stollen waren in den Fußboden eingetieft. Wir wissen nicht, wie viele Tote hier eine vorläufige Ruhestätte gefunden haben. Diese Anlage mit den elf Schiebe- oder Kokim-

Felsengrab aus der Zeit Jesu, unmittelbar an der Außenmauer der Grabeskirche gelegen. Zwei Schiebestollen und Gräber im Boden sind zu erkennen.

gräbern wurde wohl immer wieder belegt. Keine Inschrift nennt einen Namen. Die Toten, die hier vor dem Jahr 44 nach Christus bestattet worden sind, bleiben uns unbekannt. Das vom Ruß angeschwärzte Felsgrab selbst gibt doppeltes Zeugnis: An dieser Stelle waren zur Zeit Jesu Gräber aus dem Fels gehauen. Wie das verehrte, nachgebaute Grab liegen sie westlich vom „Schädel". Hier nutzten die Totengräber das ansteigende Gelände.

Wenige Schritte entfernt, am Westrand des gleichen Gartenbezirks, hatte Josef von Arimatäa sein Familiengrab vorbereitet. Es war noch neu.

Am Rüsttag des Sabbat und des Paschafestes wurde hier Jesus begraben.
Ein großer Rollstein verschloß seinen Eingang.

8. Die Wächter am Grab

Heute halten griechische Mönche und die Brüder des heiligen Franz
Wache am Grab Jesu. Sie hüten eines der ältesten Heiligtümer der Chri-

stenheit. Sie sichern ihre ererbten Rechte, die ihnen türkische Siegel verbürgt haben. Von den ersten Grabwächtern erzählt Mattäus. Er allein.

**Niederer Grabeingang
(rechts von der Frau
mit Kopftuch) und Rollstein
am Grab der Helena von
Adiabene aus dem
1. Jahrhundert**

Am nächsten Tag gingen die Hohenpriester und die Pharisäer
gemeinsam zu Pilatus; es war der Tag nach dem Rüsttag. Sie
sagten: Herr, es fiel uns ein, daß dieser Betrüger, als er noch
lebte, behauptet hat: Nach drei Tagen werde ich auferweckt. Gib

Seite 159:
Osterfeier in Jerusalem:
Vertreter
verschiedener Riten
halten Wache
am versiegelten Grab.

also den Befehl, daß das Grab bis zum dritten Tag sicher bewacht wird. Sonst könnten seine Jünger kommen, ihn stehlen und dem Volk sagen: Er ist von den Toten auferweckt worden. Dann wäre der letzte Betrug noch schlimmer als der erste. Pilatus antwortete ihnen: Ihr sollt eine Wache haben. Geht und sichert das Grab, so gut ihr könnt! Darauf gingen sie, um das Grab zu sichern: sie versiegelten den Stein und ließen die Wache am Grab.

Plötzlich entstand ein gewaltiges Erdbeben; denn ein Engel des Herrn kam vom Himmel herab, trat ans Grab, wälzte den Stein weg und setzte sich darauf. Seine Erscheinung war wie der Blitz und sein Gewand weiß wie Schnee. Die Wächter zitterten und bebten vor Schreck und fielen wie tot zu Boden.

Einige von der Wache kamen in die Stadt und berichteten den Hohenpriestern alles, was geschehen war. Diese faßten gemeinsam mit den Ältesten den Beschluß, die Soldaten zu bestechen. Sie gaben ihnen viel Geld und sagten: Erzählt den Leuten: Seine Jünger sind bei Nacht gekommen und haben ihn gestohlen, während wir schliefen. Falls es dem Statthalter zu Ohren kommt, werden wir ihn beruhigen und dafür sorgen, daß ihr nichts zu befürchten habt. Die Soldaten nahmen das Geld und taten, was man ihnen befohlen hatte. So kommt es, daß dieses Gerücht bei den Juden verbreitet ist bis auf den heutigen Tag.

Matthäus 27, 62—66; 28, 2—4. 11—15

Die Erzählung bezieht sich also auf ein Gerücht, das damals die Runde machte. Die Formel „bis zum heutigen Tag" erinnert daran. Was hier gesagt wird, erklärt, wie die Meinung entstehen konnte: Die Jünger Jesu haben den Leichnam gestohlen.

Schon früh weisen die Lehrer der Gemeinde auf das leere Grab: Seht den Ort, wo er gelegen. Das leere Grab wird zu einem Indiz dafür, daß Jesus auferstanden ist. Allem Anschein nach warten die Gegner Jesu recht bald mit Gegenargumenten auf: Sicher ist das Grab leer, denn die Jünger Jesu haben den Leichnam ihres Meisters gestohlen. Oder: Jesus wurde im Privatgrab des Josef von Arimatäa auf die Steinbank gelegt. Dieser Mann hat sein Felsengrab nur vorläufig ausgeliehen. Hier ruhte der Leib Jesu während der Feiertage. Dann hat der Gärtner den Leichnam umgebettet. Die Jünger wurden davon nicht benachrichtigt. Sie fanden das leere Grab und dachten: Jesus ist auferstanden. Da sind sie aber bös hereingefallen. Ihr Glaube beruht auf einem Trugschluß.

Auf die Legende vom Gärtner spielt das Johannesevangelium an:

Maria aber stand draußen vor dem Grab und weinte. Während sie weinte, beugte sie sich in die Grabkammer hinein. Da sah sie

Die Legenden vom Diebstahl und vom Gärtner

zwei Engel in weißen Gewändern; der eine saß dort, wo das Haupt, der andere dort, wo die Füße des Leichnams Jesu gelegen hatten. Die Engel sagten zu ihr: Frau, warum weinst du? Sie antwortete ihnen: Man hat meinen Herrn weggenommen, und ich weiß nicht, wohin man ihn gelegt hat. Nach diesen Worten wandte sie sich um und sah Jesus dort stehen, aber sie wußte nicht, daß es Jesus war. Jesus sagte zu ihr: Frau, warum weinst? Wen suchst du? Sie meinte, es sei der Gärtner, und sagte zu ihm: Herr, wenn du ihn weggetragen hast, sag mir, wohin du ihn gelegt hast, damit ich ihn holen kann.

Johannes 20, 11—15

Die „Geschichte" vom Diebstahl des Leichnams widerspiegelt sich in der Erzählung bei Mattäus. Die Gegner der Christen verbreiten die Legenden vom Diebstahl und vom Gärtner. Die Glaubenden kontern mit handgreiflichen Argumenten: das Grab war versiegelt und bewacht; Wache und Älteste haben die Auferstehung Jesu sogar erlebt. Allmählich entsteht auch eine christliche Legende. Diese „Gegendarstellung" wird um das Jahr 150 in eine Schrift eingefügt, die sich Petrusevangelium nennt, aber nicht zum Neuen Testament gehört.

Eine christliche Gegenlegende entsteht.

Seite 160: Österliche Prozession um das Heilige Grab

Als sich aber die Schriftgelehrten und Pharisäer und Ältesten miteinander versammelten und hörten, daß das ganze Volk murre und sich an die Brust schlage und sage: Wenn bei seinem Tode diese überaus großen Zeichen geschehen sind, so sehet, wie gerecht er war, da fürchteten sie sich und kamen zu Pilatus, baten ihn und sprachen: Gib uns Soldaten, damit wir sein Grab drei Tage lang bewachen, damit nicht seine Jünger kommen und ihn stehlen und das Volk glaube, er sei von den Toten auferstanden, und uns Böses antue. Pilatus aber gab ihnen den Hauptmann Petronius mit Soldaten, um das Grab zu bewachen. Und mit diesen kamen Älteste und Schriftgelehrte zum Grabe, und alle, die dort waren, wälzten einen großen Stein herbei und legten ihn vor den Eingang des Grabes und legten sieben Siegel an, schlugen ein Zelt auf und hielten Wache . . . In der Nacht aber, in welcher der Herrentag aufleuchtete, als die Soldaten, jede Ablösung zu zweit, Wache standen, erscholl eine laute Stimme am Himmel, und sie sahen die Himmel geöffnet und zwei Männer in einem großen Lichtglanz herniedersteigen und sich dem Grabe nähern. Jener Stein, der vor dem Eingang des Grabes war, geriet von selbst ins Rollen und wich zur Seite, und das Grab öffnete sich, und beide Jünglinge traten ein. Als nun jene Soldaten dies sahen, weckten sie den Hauptmann und die Ältesten — auch

Plan und Längsschnitt durch ein Felsengrab: ein schmaler Gang führt durch den niederen Eingang zur Vorkammer und zum eigentlichen Grab, wo der Tote auf einer steinüberwölbten Bank liegt.

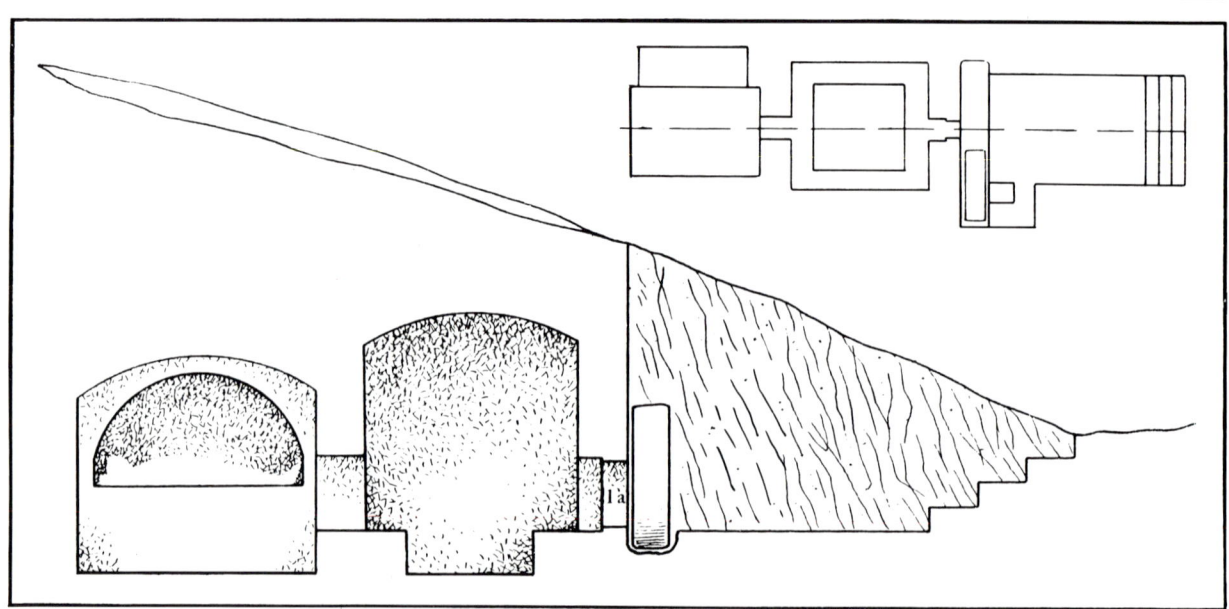

Die Erzählung von den Grabwächtern ist kein Geschichtsbericht.

Daneben wirkt der Text des Mattäus fast wie ein Geschichtsbericht! Das will er aber gar nicht sein. Er schildert kein Geschehen am ersten Karsamstag. In ihm hat sich vielmehr die Auseinandersetzung zwischen Juden und Christen in den Jahren nach Jesu Tod verdichtet. Hier haben wir eine Erzählung vor uns, die in christlichen Kreisen entstanden ist, um die Verleumdung vom Diebstahl des Leichnams Jesu zu entkräften. Der heutige Leser sollte sich nicht darüber wundern, daß eine derartige Erzählung überhaupt entstehen konnte. Damals war es durchaus üblich, seine Gedanken in Fabeln, Gleichnissen und erdichteten Geschichten auszudrükken. Diese Form pflegten nicht nur Dichter und Lehrer. Sie war ebenso beim einfachen Volk beliebt. Der Bericht von den Grabeswächtern kommt aus „ganz einfachen Verhältnissen". Wir können ihn mit dem Midrasch vergleichen. Dieser malt biblische Aussagen und Berichte breit aus. Wenige Verse des Alten Testaments werden zu seitenlangen volkstümlichen Erzählungen.

Nebenbei bemerkt

Zwei Sätze benötigt das Buch Exodus, um die Geburt des Mose zu berichten. Im frommen jüdischen Haus genügt ein Winterabend kaum, den Midrasch von der Ankündigung seiner Geburt zu erzählen. Vergleichen Sie selbst!

> Ein Mann aus einer levitischen Familie ging hin und nahm eine Frau aus dem gleichen Stamm. Sie wurde schwanger und gebar einen Sohn.
>
> Exodus 2, 1—2a

Das Andenken an Josefs Wohltaten verblaßte mit der Zeit. Die Regierung war auf eine andere Dynastie übergegangen. Jetzt wurden die Israeliten mißhandelt und zu allerlei schweren Arbeiten herangezogen ...
Während sich die unseren mit solchen Arbeiten abgeben mußten, ereignete sich etwas, das bei den Ägyptern den Wunsch, uns zu vertilgen, steigerte. Einer ihrer Schriftkundigen — diese waren im Vorhersagen der Zukunft bewandert — weissagte dem König, um diese Zeit werde aus hebräischem Blut ein Knabe geboren werden. Dieser werde als Erwachsener die Herrschaft der Ägypter vernichten und die Israeliten stark machen. Er werde sich auszeichnen durch seine Tugend. Und sein Andenken werde ruhmvoll sein. Der König erschrak über diesen Spruch. Er befahl, alle israelitischen Knaben gleich nach der Geburt in den Fluß zu werfen und zu töten. Die ägyptischen Hebammen sollten genau erforschen, wann die Hebräerinnen niederkommen, und die Geburt sorgsam überwachen. Nur ägyptische Hebammen sollten bei Hebräerinnen Dienst tun, denn nur von ihnen war ein strenges Befolgen des Befehls zu erwarten. Diejenigen aber, die dieses Gebot übertreten würden, und ihre Neugeborenen zu verbergen wagten, sollten mit ihrer ganzen Familie den Tod erleiden. Den Hebräern erschien dieses Gebot grausam. Zum einen sollten sie ihre Kinder verlieren und selbst noch Henkersdienste an ihnen verrichten, zum anderen dachten sie daran, daß auch sie selbst nicht mehr lange leben würden, da sie von Unglück und Trauer gebeugt werden, und daß so ihr Geschlecht buchstäblich vernichtet wird. Ihre Lage war trostlos. Aber gegen Gottes Ratschluß kann man nicht ankämpfen, selbst wenn man tausend Listen dagegen ersinnt. Der Knabe nämlich, vor dem dieser Schrift-

Ein Beispiel für die Gattung „Midrasch"

163

kundige gewarnt hatte, wurde den Nachstellungen des Königs zum Trotz heimlich erzogen. Alles, was er von ihm vorhergesagt hatte, erfüllte sich. Im einzelnen spielte sich das so ab:

Amaram, ein vornehmer Jude, war um sein Volk besorgt, da keine männliche Jugend mehr nachwuchs. Auch persönlich lebte er in großer Angst, denn seine Frau war schwanger. Er rief Gott an und flehte zu ihm, er möge sich doch des Schicksals derer erbarmen, die ihn bisher so treu verehrt; sie aus ihrer augenblicklichen Notlage befreien, indem er den Ägyptern die Hoffnung raube, die Israeliten völlig vernichten zu können. Gott erbarmte sich seiner. Er erhörte sein Gebet, erschien ihm im Schlaf und ermahnte ihn, an der Zukunft nicht zu verzweifeln. Er denke an die Frömmigkeit der Israeliten und werde sie dafür angemessen belohnen. Schließlich sei er auch ihren Vorfahren gnädig gewesen und habe sie aus geringer Zahl zu einem großen Volk anwachsen lassen. Schließlich sei Abraham allein von Mesopotamien nach Kanaan gezogen und glücklich gewesen. Seine Frau, zunächst unfruchtbar, habe später seinem Wunsch entsprechend noch Kinder geboren. Dem Ismael und seinen Nachkommen habe er Arabien, den Söhnen der Ketura Troglodytis, dem Isaak aber Kanaan hinterlassen.
„Und wenn ihr nicht", fuhr Gott fort, „gottlos und undankbar seid, müßt ihr euch auch daran erinnern, was für Kriegstaten er unter meinem Schutz vollbracht hat. Jakob ist bei fremden Völkern ganz berühmt geworden wegen des großen Glücks, in dem er selbst gelebt und das er seinen Kindern und seinen Enkeln hinterlassen. Mit nur siebzig Angehörigen ist er nach Ägypten gekommen, und ihr seid schon auf mehr als sechshunderttausend angewachsen. Ich sorge für euer Wohlergehen und deinen Ruhm. Das merke dir. Der Knabe, dessen Geburt die Ägypter so fürchten, daß sie alle Kinder töten wollen, wird dir geboren. Er wird denen verborgen bleiben, die ihm nachstellen. Auf wunderbare Weise wird er erzogen und das Volk der Hebräer aus der Knechtschaft Ägyptens befreien. Sein Andenken wird über die Zeiten fortdauern bei Hebräern und Fremden. Diese Huld will ich dir und deinen Nachkommen erweisen. Er wird einen Bruder haben. Der darf den Ruhm genießen, mit seinen Nachkommen mein Priestertum zu versehen bis in ewige Zeiten."
Nachdem ihm dies im Traum kund geworden, erwachte Amaram und erzählte den Vorfall seiner Frau Joachebed. Sie hatten große Furcht wegen der Traumbotschaft. Sie machten sich Sorgen wegen des Knaben und der Größe des bevorstehenden Glücks.

Dieser Midrasch verwendet viele Hinweise der Bibel. Die Ankündigung der Geburt des Mose ist frei erdacht. Auch die Namen seiner Eltern stehen nicht im Buch Exodus.

Das Fabulieren und freie Erzählen der Orientalen hat auch in Teile der Heiligen Schrift Eingang gefunden.

Die Erzähler der „Geschichte von den Grabwächtern" stolperten nicht über die zahlreichen Ungereimtheiten, die sie Hörern und Lesern zumuteten. Sie hätten sich sonst fragen müssen: Gingen die Hohenpriester und Pharisäer am Sabbat zu Pilatus? Können sie von diesem judenfeindlichen Präfekten eine Wachtruppe erwarten? Woher kannten die Beteiligten Jesu Wort: Am dritten Tage werde ich auferstehen? Jesus soll es doch nur seinen Jüngern gesagt haben. Unbekümmert legen die Erzähler jüdischen Oberen Worte in den Mund, die zum innerkirchlichen Sprachschatz gehören. „Er ist von den Toten auferweckt worden", ist Bekenntnisformel der Christen. Sodann fällt auf, daß die jüdischen Behörden von vornherein mit einem Betrug der Jünger rechnen. Warum sollen sie dazu irgendeinen Anlaß gehabt haben? Völlig ungewöhnlich ist die Annahme, daß Jesu Grab auch noch versiegelt wurde. Der Hörer gewinnt sogar den Eindruck, daß selbst Pilatus mit der Auferstehung Jesu rechnet. Er rät den Hohenpriestern und Pharisäern: Sichert das Grab, so gut ihr könnt! Hier ist doch die Möglichkeit angedeutet, daß die Wache umsonst vor das Grab zieht. Sie kann im entscheidenden Augenblick die Auferstehung nicht verhindern.

Ganz unwirklich mutet der letzte Abschnitt an: Die Soldaten fallen bei der Auferstehung Jesu „wie tot zu Boden". Nachher aber machen sie Meldung über alles, was geschehen war. Ihren Bericht erstatten sie den Hohenpriestern. Das ist völlig unwahrscheinlich. Ein Soldat hat seinen Vorgesetzten zu unterrichten. In diesem Fall müßten also die Grabeswächter zu einem römischen Offizier gehen.

Doch es kommt noch dicker: Die jüdischen Oberen verlangen von den Soldaten des Pilatus, sie sollen eine Lüge verbreiten. Diese ist mehr als lächerlich. Stellen wir uns doch einen erwachsenen Menschen vor, der bekennt: Während ich geschlafen habe, kamen die Jünger Jesu und stahlen den Leichnam. Sind die Soldaten denn so dumm, daß sie für Dinge geradestehen, die während ihres Schlafes geschehen sind? Jeder kann ihnen doch entgegenhalten: Woher wollt ihr denn wissen, daß die Jünger gekommen sind? Ihr habt ja geträumt.

Eine unwahrscheinliche „Geschichte" aus einfachen Verhältnissen

165

Die Geschichte vom Diebstahl des Leichnams Jesu ist üble Verleumdung. Das wollten die ersten Christen ihren Gegnern sagen. Darum haben sie die Sache mit den Grabwächtern erzählt. Konnten sie die gegnerische Behauptung besser ins Lächerliche ziehen? Konnten sie den Angriff wirksamer abwehren als durch diese Gegendarstellung.

Durch die Erzählung, die Mattäus in sein Evangelium eingebaut hat, finden wir nicht zurück zu einem Geschehen am ersten Karsamstag. Unser Fragen führt uns in die Zeit der frühen Kirche. Sie erzählte von Jesus, von seinem Künden und Heilen, von seinem Leiden und Sterben, weil sie ihn als den Auferstandenen und Lebendigen bekannte:

Urchristliches Bekenntnis

Er wurde offenbar im Fleisch,
gerechtfertigt im Geist,
geschaut von den Engeln,
verkündet unter den Heiden,
geglaubt in der Welt,
aufgenommen in die Herrlichkeit.

1 Timotheus 3,16

Seite 167:
Unser Blick über Jerusalem erfaßt zugleich die Stätte, wo der Himmelfahrt Jesu gedacht wird, und Zeugen seines Leidenswegs: Tempelplatz und Grabeskirche.

Literaturbericht

Dem Charakter eines Sachbuchs entsprechend, habe ich weitgehend darauf verzichtet, Dargelegtes mit Zitaten aus der wissenschaftlichen Literatur zu belegen. Die kleine Zahl der Anmerkungen will nicht darüber hinwegtäuschen, daß ich zahlreichen Fachgelehrten und Schriftstellern zu danken habe. Sie haben schriftlich oder mündlich den vorliegenden Band angeregt. Ich konnte aus verschiedenen Quellen schöpfen, aber auch lernen, wie über den Prozeß Jesu heute nicht mehr geschrieben werden darf. Hier kann nur eine Auswahl benutzter Literatur folgen.

1. Quellen

Das Alte Testament (Einheitsübersetzung der Heiligen Schrift (Katholische Bibelanstalt Stuttgart 1974.

Die Psalmen (Ökumenische Übersetzung der Bibel) Katholische Bibelanstalt/Württembergische Bibelanstalt Stuttgart 1971.

Das Neue Testament (Einheitsübersetzung der Heiligen Schrift) Katholische Bibelanstalt 1972.

Die Texte vom Toten Meer I: Übersetzung von Johann Maier, Ernst Reinhardt Verlag München/Basel 1960.

Flavius Josephus, Geschichte des Jüdischen Krieges. Übersetzt und mit Einleitung und Anmerkungen versehen von Heinrich Clementz, Verlag Joseph Melzer Köln, o. J.

Flavius Josephus, Jüdische Altertümer I/II. Übersetzt und mit Einleitung und Anmerkungen versehen von Heinrich Clementz, Verlag Joseph Melzer Köln, o. J.

Die Mischna. Text, Übersetzung und ausführliche Erklärung herausgegeben von G. Beer u. a.:   II. Seder Moed, 1. Traktat Schabbat
Text, Übersetzung und Erklärung von Wilhelm Nowack, Verlag Alfred Töpelmann Gießen 1924.
IV. Seder Neziqin, 4. u. 5. Traktat Sanhedrin-Makkot
Text, Übersetzung und Erklärung von Samuel Krauß, Verlag Alfred Töpelmann Gießen 1933.

C. K. Barrett, Die Umwelt des Neuen Testaments. Ausgewählte Quellen (Wissenschaftliche Untersuchungen zum Neuen Testament, herausgegeben von J. Jeremias und O. Michel) J. C. B. Mohr (Paul Siebeck) Tübingen 1959.

Edgar Hennecke, Neutestamentliche Apokryphen in deutscher Übersetzung, herausgegeben von Wilhelm Schneemelcher, I: Evangelien, J. C. B. Mohr (Paul Siebeck) Tübingen 1959, 118–124: Petrusevangelium.

Petron, Satyricon. Ein römischer Schelmenroman. Übersetzt und erläutert von Harry C. Schnur (Universal-Bibliothek 8533–35) Philipp Reclam jun. Stuttgart 1973.

Philo von Alexandria, Die Werke in deutscher Übersetzung VII, herausgegeben von Leopold Cohn u. a., Verlag Walter de Gruyter u. Co Berlin 1964.

2. Archäologische, historische und theologische Werke

Johannes B. Bauer, Die Zeit Jesu. Herrscher, Sekten und Parteien (Kleine Reihe zur Bibel 10) KBW Verlag Stuttgart 1969.

Klaus Berger, Die Gesetzesauslegung Jesu. Ihr historischer Hintergrund im Judentum und im Alten Testament I: Markus und Parallelen, Neukirchener Verlag Neukirchen-Vluyn 1972.

Josef Blinzler, Der Prozeß Jesu. Das jüdische und das römische Gerichtsverfahren gegen Jesus Christus auf Grund der ältesten Zeugnisse dargestellt und beurteilt, Verlag Friedrich Pustet Regensburg, 4. Auflage 1969.

Viel Material ist in dieser umfassenden Monografie zusammengetragen, alle zur Sache notwendigen Fragen werden diskutiert. Allerdings versteht Blinzler Einzelerzählungen in den Passionstexten der Evangelien zu sehr als Geschichtsberichte und ihr schriftstellerisches Nacheinander als historische Abfolge. Heutige Bibelauslegung wird nach Gattung und Redaktionsgeschichte fragen, ehe sie die Silhouette des Damals zu skizzieren versucht.

Günther Bornkamm, Jesus von Nazareth (Urban Taschenbücher 19) W. Kohlhammer Verlag Stuttgart, 9. Auflage 1971.

Joachim Gnilka, Die Verhandlung vor dem Synhedrion und vor Pilatus nach Markus 14, 53–15, 5, in: Evangelisch-Katholischer Kommentar zum Neuen Testament Vorarbeiten Heft 2 (= EKK 2), Neukirchener Verlag Neukirchen/ Benziger Verlag Zürich-Einsiedeln-Köln 1970, 5–21.

Ferdinand Hahn, Der Prozeß Jesu nach dem Johannesevangelium. Eine redaktionsgeschichtliche Untersuchung, in: EKK 2, 23–96.

Der Aufsatz zeichnet die Entwicklung nach vom vorjohanneischen Überlieferungskomplex zur ,thematisch gegliederten, sich schrittweise steigernden und die Hintergründe des Geschehens aufhellenden Darstellung der Vorgänge' in den sieben Szenen:

„1. 18, 28—32   Übergabe Jesu an Pilatus
 2. 18, 33—38a   Erstes Verhör Jesu
 3. 18, 38b—40   Paschaamnestie
 4. 19, 1—3   Geißelung und Verspottung Jesu
 5. 19, 4—7   Vorführung des Verspotteten
 6. 19, 8—12   Zweites Verhör Jesu
 7. 19, 13—16   Verurteilung Jesu".

Wolfgang Hinker/Kurt Speidel, Von Ur bis Golgotha. Der geschichtliche Hintergrund der biblischen Botschaft, KBW Verlag Stuttgart 1968.

Der letzte Film der gleichnamigen Fernsehserie versuchte „die letzten Tage Jesu in Jerusalem" nachzuzeichnen. Er wurde zum Ausgangspunkt dieses Sachbuchs und bestimmte teilweise seine Gliederung.

Wolfgang Hinker/Kurt Speidel, Wenn die Bibel recht hätte . . ., KBW Verlag Stuttgart 1970.

Was ich dort in Kapitel 17 über die Erzählung von den Grabwächtern geschrieben habe, konnte jetzt den Abschnitt über das Grab Jesu beschließen. Diese Hinweise wollen auch vor die Frage nach dem Verhältnis von Geschichte und Botschaft im biblischen Text führen.

Clemens Kopp, Die Heiligen Stätten der Evangelien, Verlag Friedrich Pustet Regensburg 1959.

Ernst Kornemann, Römische Geschichte II: Die Kaiserzeit (Kröners Taschenbuchausgabe 133) Alfred Kröner Verlag Stuttgart, 3. Auflage 1954.

Der Abschnitt zur iulisch-klaudischen Zeit (Seite 170 ff) half mir, die Kurzbiografie über Tiberius zu gestalten. In der Übersetzung Kornemanns biete ich Ausschnitte aus den Briefen des Kaisers an die Provinz Baetika (25 n. Chr.) und an den Senat (32 n. Chr.).

Gerhard Kroll, Auf den Spuren Jesu, St. Benno-Verlag Leipzig, 5. Auflage 1973.

Eine überreiche Sammlung archäologischen, historischen und exegetischen Materials! Der gebotenen Deutung konnte ich allerdings nicht immer zustimmen. Bei den evangelischen Erzählungen müßte deutlicher zwischen Aussage und geschichtlichem Bericht unterschieden werden.

Gerhard Lohfink, Jetzt verstehe ich die Bibel. Ein Sachbuch zur Formkritik, KBW Verlag Stuttgart, 6. Auflage 1976.

Auf den Seiten 102 bis 109 fragt Lohfink nach der literarischen Form von Markus 14, 43—52: Die Verhaftung Jesu. Er versteht diesen Text zu Recht als „eine die damaligen Vorgänge deutende Geschichtserzählung, die

Einzelfakten in eine sinnvolle Anordnung bringt und sie eben damit deutet, die sich aber auch nicht scheut, Jesus ein Wort in den Mund zu legen, das den historischen Vorgang beleuchtet und interpretiert" (106).

Eduard Lohse, Die Geschichte des Leidens und Sterbens Jesu Christi, Gütersloh 1964.

Willi Marxsen, Hannas und Kaiphas, in: Gestalten der Passion, KBW Verlag Stuttgart 1966.

Mit modernen Ausdrücken wird hier die Funktion des Hohen Rats als Parlament, Regierung, oberstes Gericht und Landessynode umschrieben. Ich habe diese Wendungen übernommen.

Ludger Schenke, Auferstehungsverkündigung und leeres Grab. Eine traditionsgeschichtliche Untersuchung von Mk 16, 1–8 (Stuttgarter Bibelstudien 33) KBW Verlag Stuttgart, 2. Auflage 1969.

Ludger Schenke, Der gekreuzigte Christus. Versuch einer literarkritischen und traditionsgeschichtlichen Bestimmung der vormarkinischen Passionsgeschichte (Stuttgarter Bibelstudien 69) KBW Verlag Stuttgart 1974.

Ludger Schenke, Studien zur Passionsgeschichte des Markus, Tradition und Redaktion in Markus 14, 1–42, Echter Verlag Würzburg/Katholisches Bibelwerk Stuttgart 1971.

Ludger Schenke, Die Wundererzählungen des Markusevangeliums (Stuttgarter Biblische Beiträge) KBW Verlag Stuttgart, o. J.

Manche Deutung der Berichte aus dem Markusevangelium, die ich vorlege, fußt auf den wissenschaftlichen Arbeiten von Schenke. Ihm verdanke ich auch — neben guten Formulierungshilfen — die Rekonstruktion vormarkinischer Überlieferung des Verhörs vor dem Hohen Rat sowie den Vergleich dieser Verhörszene mit der Verhandlung vor Pilatus.

Gerhard Schneider, Die Passion nach den drei älteren Evangelien, Kösel-Verlag München 1973.

Kurt Schubert, Die jüdischen Religionsparteien in neutestamentlicher Zeit (Stuttgarter Bibelstudien 43) KBW Verlag Stuttgart 1970.

Besonders beeindruckt haben mich seine Sicht der Geschichte pharisäischer Bewegung, das Verhältnis der Pharisäer zur Tora und zum Mitmenschen und die Korrektur des einseitigen Pharisäerbildes, das die neutestamentlichen Texte nahelegen. Nicht zuletzt deshalb habe ich das Gespräch zwischen dem todkranken Rabbi Johanan ben Zakkai und seinen Schülern zitiert.

Ethelbert Stauffer, Jerusalem und Rom im Zeitalter Jesu Christi (Dalp Taschenbücher 331) Francke Verlag Bern/München 1957.

Wolfgang Waldstein, Geißelung, in: Reallexikon für Antike und Christentum, herausgegeben von Theodor Klauser, Hiersemann Verlag Stuttgart 1974, IX 469—490.

Zwei Hefte der Reihe Bible et Terre Sainte haben mir wertvolle Anregungen gegeben:
No. 133: Le Supplice de la Croix, Juli-August 1971, mit den Beiträgen:
F. Marcoux, La mort en croix
J. Briend, La sépulture d'un crucifié
I. H. Dalmais, Le symbolisme de la croix.
No. 149: Le Golgotha. Du Procès de Jésus-Christ au Calvaire, März 1973, mit dem Aufsatz:
Ch. Coüasnon, Le Golgotha. Maquette du sol naturel.

Eine neue Sicht zur „Archäologie der Kreuzigung" eröffneten mir die Beiträge über den Fund und die Untersuchung der Gebeine eines Gekreuzigten im Israel Exploration Journal 20 (1970):
V. Tzaferis, Jewish Tombs at and near Giv'at ha-Mivtar (18—32);
J. Naveh, The Ossuary Inscriptions from Giv'at ha-Mivtar (33—37);
N. Haas, Anthropological Observations on the Skeletal Remains from Giv'at ha-Mivtar (38—59).
Dr. Haas hat sich auch über die Art der Kreuzigung Gedanken gemacht. Ich folge seiner Ansicht, daß die Füße des Gekreuzigten mit einem Nagel durch die Fersenbeine unmittelbar ans Kreuz geheftet wurden. Eine andere Rekonstruktion schlägt jetzt aufgrund der gleichen Funde Vilhelm Møller-Christensen, Skeletal Remains from Giv'at ha-Mivtar: Israel Exploration Journal 26 (1976) 35—38, vor: „Zunächst fertigte der Henker eine Art rechteckigen Rahmen aus Brettern. In diesen preßte er die Fersen des Opfers. Dann schlug er den Eisennagel von außen durch das rechte Brett des Rahmens, die beiden Fersenbeine und das linke Brett. Die herausschauende Spitze des Nagels wurde durch einen weiteren Hammerschlag umgebogen." Nachdem der Verurteilte dann am Längsbalken des Kreuzes hochgezogen ist, wird der Holzrahmen an den Kreuzesstamm genagelt.

3. Bücher zu tiefenpsychologischen Fragen

Carl Gustav Jung u. a., Der Mensch und seine Symbole, Walter-Verlag Olten 1968.

Carl Gustav Jung, Symbole der Wandlung. Analyse des Vorspiels zu einer Schizophrenie mit 300 Illustrationen, ausgewählt und zusammengestellt von Dr. Jolande Jacobi, Walter-Verlag Olten/Freiburg 1971.

Den Werken des Schweizer Seelenforschers verdanke ich Hinweise auf die Symbolik des Kreuzes und der Zahl „vier".

Erich Neumann, Tiefenpsychologie und neue Ethik (Kindler Taschenbücher Geist und Psyche 2005) Kindler Verlag München 1964.

Das dünne, grundstürzende Bändchen zeigte mir „Objekte, Formen und Auswirkungen der Sündenbockpsychologie". Das Thema vom Sündenbock oder vom Annehmen der eigenen dunklen Seite konnte im Rahmen dieses Sachbuchs nur angedeutet werden. Es verdient und braucht weiteres Bedenken.

4. Studie zur Rechtssituation

Jochen Bleicken, Senatsgericht und Kaisergericht. Eine Studie zur Entwicklung des Prozeßrechts im frühen Prinzipat (Abhandlungen der Akademie der Wissenschaften in Göttingen, Philologisch-historische Klasse 3. Folge, Nr. 53) Vandenhoeck und Ruprecht Göttingen 1962.

Wichtig für unseren Zusammenhang war mir Appendix II: Der frühkaiserliche Strafprozeß außerhalb Roms. Die aufgefundenen Edikte aus Kyrene bestätigen als Grundregel für Kapitalprozesse gegen Griechen: „Es gibt für Kapitalprozesse die Alternative, daß entweder der Provinzialgouverneur selbst die Untersuchung und Urteilsfällung durchführt oder daß er für sie ein Geschworenengericht einsetzt ... Es ist jedoch die Annahme gewiß richtig, daß die Übernahme des Strafgerichts durch den Statthalter selbst von der Art des zu verfolgenden Deliktes abhing. So konnten etwa Straftaten gegen Provinz und Reich nicht vor einem Geschworenengericht verhandelt werden ..." (169 f). Palästina steht seit dem Jahr 6 nach Christus unter dem Recht des gleichen Kaisers. Pilatus allein konnte einen Prozeß gegen den als Thronprätendent der Juden angeklagten Jesus führen und ein Urteil fällen.

Anmerkungen

1   Jüdischer Krieg, 2. Buch, 17. Kapitel, 6. Abschnitt (= 2, 17, 6). Der jüdische Schriftsteller Flavius Josephus, 37 oder 38 nach Christus geboren, schrieb dieses Werk zwischen den Jahren 75 und 78 in Rom. Eine griechisch-deutsche Ausgabe, die den wissenschaftlichen Ansprüchen gerecht wird, erschien 1959 bis 1969 unter dem Titel „Flavius Josephus, Der jüdische Krieg" in der Wissenschaftlichen Buchgemeinschaft Darmstadt und im Kösel-Verlag München.

2   Zum Text der Passionsgeschichte, den Markus vorgefunden hat, vgl. L. Schenke, Der gekreuzigte Christus (Stuttgarter Bibelstudien 69) KBW Verlag Stuttgart 1974, 23–46. 55–62. 135 f.

3   Philo von Alexandria, Die Werke in deutschen Übersetzung VII, Verlag Walter de Gruyter u. Co Berlin 1964, 249 f.

4   Zur Rechtssituation vgl. J. Bleicken, Senatsgericht und Kaisergericht, Vandenhoeck und Ruprecht Göttingen 1962, 166–171.

5   Philo, Gegen Flaccus 36–40; deutscher Text nach Philo von Alexandria, Die Werke in deutscher Übersetzung VII, Verlag Walter de Gruyter u. Co Berlin 1964, 137. — Die Schrift richtet sich gegen Aulus Avillius Flaccus, den Statthalter Roms in Ägypten, einen Hauptschuldigen an der Judenverfolgung im Jahr 38 nach Christus.

6   Flavius Josephus, Jüdischer Krieg 2, 13, 2.

7   Vgl. dazu L. Schenke, Der gekreuzigte Christus 107.

8   Dr. H. Mödder hat sich verschiedentlich zur Todesursache Jesu geäußert. Er sieht sie im Versagen des Kreislaufs und lehnt die These vom Erstickungstod ab. Vgl. dazu vor allem *H. Mödder,* Die Todesursache bei der Kreuzigung: Stimmen der Zeit 144 (1949) 50–59; *derselbe,* Die Todesursache des Gekreuzigten, in: *St. Berghoff — H. Mödder,* Christus — nicht am Kreuze gestorben? Abrechnung mit Kurt Berna, seinem himmlischen Auftrag und seinen Entdeckungen am Turiner Grabtuch, Leutesdorf 1961, 13 f. Siehe aber auch *F. Marcoux,* La mort en croix: Bible et Terre Sainte 133 (1971) 2–3.

9   Vgl. zu diesem Abschnitt L. Schenke, Auferstehungsverkündigung und leeres Grab; für die Rekonstruktion des vormarkinischen Textes: L. Schenke, Der gekreuzigte Christus 77–83 und 137.

Bildnachweis

6:   Kreuzprozession in Spanien. Hans Meyer-Veden, Hamburg.

8:   Der Judenstern an einer Tür in Berlin. Ullstein Bilderdienst, Berlin West.

11:   Sandbild der Navaho-Indianer. Museum of Navaho Ceremonial Art, Inc., Santa Fé N.M.

12:   Marc Chagall, Die Gekreuzigten. Gouache auf Papier. Privatbesitz. © 1976. Copyright by ADAGP, Paris & COSMOPRESS, Genf.

13:   Francisco José de Goya y Lucientes, Erschießung der Rebellen am 3. Mai 1808. Museo del Prado, Madrid. Foto: Philipp Reclam jun., Stuttgart.

15:   Hof der „Burg Antonia". Beginn der Karfreitagsprozession. Dr. Jörg Zink, Stuttgart.

16:   Das restaurierte römische Theater in Cäsarea. David Rubinger, Jerusalem.

18:   Palästina in römischer Zeit. Zeichnung: Fritz Unger, Stuttgart.

19:   As mit dem Bildnis des Kaisers Augustus. Geprägt in Rom. Leonard von Matt, Buochs.

22:   Münze mit dem Porträt des Kaisers Tiberius. Leonard von Matt, Buochs.

23:   Blick über das Forum Romanum zum Kapitol. Leonard von Matt, Buochs.

27:   Landschaft am Nordwestufer des Sees Gennesaret. Kurt A. Speidel, Stuttgart.

31:   Palast der Hasmonäer. Aus dem Großmodell „Jerusalem zur Zeit des 2. Tempels". David Rubinger, Jerusalem.

117: Relief aus Raum 36 des Palastes Sanheribs in Ninive. 690 v. Chr. Ausschnitt: Assyrische Soldaten pfählen Tote. British Museum, London.

119: Alexander zu Pferd. Ausschnitt vom „Alexander-Sarkophag". Archäologisches Museum, Istanbul. Friedhelm Heyde/Archiv KBW, Stuttgart.

123: Altstadt Jerusalems. Luftaufnahme: W. Braun, Jerusalem.

124: Jerusalem. An der Evangelischen Erlöserkirche. Kurt A. Speidel, Stuttgart.

127: Golgotakapelle der Grabeskirche in Jerusalem. Dr. Jörg Zink, Stuttgart.

129: Modell der Fels- und Erdstrukturen um Golgota. Ch. Coüasnon O. P., Jerusalem.

130: Porträt des Jehohanan ben Hagkol. Mit Genehmigung der Israel Exploration Society entnommen dem Beitrag von N. Haas, Skeletal Remains from Giv'at ha-Mivtar, in: IEJ 20 (1970) 53.

132: Öllampe der herodianischen Zeit. Sammlung des Israel Museum, Jerusalem. Zev Radovan, Jerusalem.
Ossuar mit Inschrift „Jehohanan ben Hagkol". — Fußknochen eines Gekreuzigten mit Eisennagel. Israel Department of Antiquities and Museums, Jerusalem.
Skizze nach N. Haas mit Genehmigung der Israel Exploration Society, Jerusalem, entnommen aus IEJ 20 (1970) 56.

133: Rechter Fuß aus der Klett-Wandtafel „Skelett Rückseite" — Klettbuch Nr. 950519. Ernst Klett Verlag, Stuttgart.

135: Kreuzigung Jesu. Szene von der Holztüre der Kirche Santa Sabina in Rom. 5. Jahrhundert. Leonard von Matt, Buochs.

137: Josef Hegenbarth, „Öffnung der Seite" aus: Letzte Passionsblätter, St. Benno-Verlag, Leipzig/DDR.

141: Kreuzigung Jesu. Unbekannter deutscher Meister. 1. Hälfte 16. Jahrhundert. Museum für bildende Kunst, Budapest. Bildarchiv Foto Marburg.
Der Satyr Marsyas am Schinderpfahl. Musée du Louvre, Paris.

143: Heiliges Grab. Innenraum. Schmitt Press, Kaiserslautern.

147: Pietà. Sammlung Roettgen. Um 1300. Bildarchiv Foto Marburg.

149: Kapelle des Heiligen Grabs. David Rubinger, Jerusalem.

151: Holzschnitt von Erhard Reuwich. Erstmals gedruckt in den „Peregrinationes in Terram Sanctam" des Domherrn Berhard von Breydenbach, Mainz 1486. Entnommen der letzten Ausgabe „Die Reise ins Heilige Land", Guido Pressler Verlag, Wiesbaden 1961.

153: Osterfeier in der Grabeskirche, Jerusalem. Dr. Jörg Zink, Stuttgart.

154: Koptische Kapelle am Heiligen Grab. Dr. Jörg Zink, Stuttgart.

155: Dach der Helenakapelle der Grabeskirche mit Pilgerzellen. Dr. Jörg Zink, Stuttgart.

156: Grabanlage an der Rotunde der Grabeskirche. Foto Custodia Terra Santa, Jerusalem.

157: Eingang zur Grabanlage der Helena von Adiabene, Jerusalem. Dr. Jörg Zink, Stuttgart.

159: Am Heiligen Grab. Ostern 1971. Dr. Jörg Zink, Stuttgart.

160: Osterfeier in der Grabeskirche. Dr. Jörg Zink, Stuttgart.

163: Schnitt und Plan eines Bankgrabs mit Vorraum und Rollstein. Nach „Atlas van de Bijbel". Verlag Elsevier, Amsterdam.

167: Blick auf Himmelfahrtsmoschee, Tempelplatz und Altstadt Jerusalems. Garo Photo, Jerusalem.

ISBN 3-460-31281-5
Alle Rechte vorbehalten
© 1976 Verlag Katholisches Bibelwerk GmbH, Stuttgart
Umschlag und graphische Gestaltung: Hans Hug
Gesamtherstellung: Wilhelm Röck, Weinsberg